Eurus

Notus

廣瀬健二
Kenji Hirose

少年法入門

Boreas

Zephyrus

岩波新書
1881

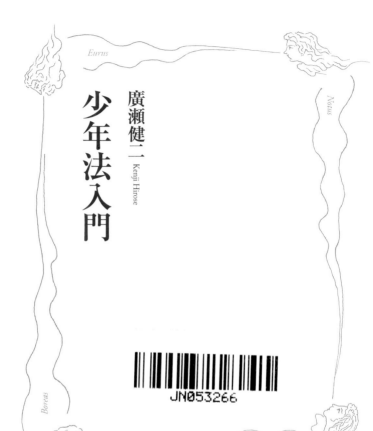

はしがき

現在(二〇二一年)、少年年齢の引下げについての少年法改正が大きな問題となっています。犯罪や刑罰に関心がある方は少なくないと思いますが、少年法は特に、注目度が高いようです。大学でも少年法の受講を希望する学生は多いですし、実際にも、少年による重大・凶悪な事件は、成人の事件以上に大きく報道されます。少年に対する扱いや処分について、今の「少年法」は甘すぎるという批判、その厳罰化に向けた改正論はこれまでも頻繁に見られました。

その一方で、非行少年に実際に関わっている実務家や専門家などからは、今の少年法を守り、少年には保護・教育的な対応を強化すべきだなどという反論も根強く行われています。なぜ、このように議論が対立するのでしょうか、どう考えるべきなのでしょうか。

「少年法」は、一言でいえば、少年の犯罪・非行(問題行動)を規律する法律であって、大人の犯罪に刑罰を科す刑法や刑事訴訟法の特則となっている法律のことです。しかし、「少年」や「問題行動」の意味、少年の犯罪・非行の実情、少年に対する「特則」がどのようなものであり、なぜそういう特則が設けられているのかについて、国民の間できちんと理解されているでしょうか。残念ながら、その理解が十分ではないことが、最初に掲げた厳罰か保護か、改正賛成・反対の議論、それも建設的ではない議論を招いているのではないかと痛感しています。

ここ三年余り、少年法の年齢上限「少年年齢」について、法制審議会で、少年年齢引下げに賛成する世論を受けた改正の議論と、少年法を維持すべきだとする非行少年に関わる専門家などを中心とした反対論が激しく戦わされてきました。二〇二〇年(令和二年)九月に、改正の提案が答申され、二〇二一年(令和三年)二月にその改正法案が国会に提出されました。本稿執筆時点では、これからその審議が行われる段階となっています。* 少年法はこれまでにも、二〇〇〇年(平成一二年)以降、四回改正されていますが、その前から激しい改正の議論が繰り返されてきました。実は、このような議論が行われたり、制度の改変が繰り返されることは、我が国に限らず、先進諸国ではよく起こっていることなのです。国家、社会として、年少者をどう扱うかについては、犯罪に関わる者に限らず、重要な問題であることには異論はないでしょう。

今回の改正に賛成、反対、どちらの立場に立つにしても、建設的に議論を進め、制度をよりよく改革して行くためには、まず、「少年法」とはどのような法律なのか、その制度趣旨、制度内容、運用状況などについての実情を正確に理解することが出発点になると思います。

私は、これまで裁判官として三〇年間刑事事件を担当し、そのうち十数年は少年審判も併せて担当しました。その間に多くの犯罪者、被害者、非行少年などと向き合い、被害者の悲痛な心情も聞きましたし、犯罪者や非行少年の実情も垣間見て、日々悩みながらその刑や処分を決めるとともに、犯罪者、非行少年の再犯や立ち直りも見守ってきました。その後十数年は、大学で刑事訴訟法、少年法などを教えながら、研究を続けています。特に、諸外国の少年法制について調査・研究を続け、今回の少年年齢引下げを含む、少年法改正の議論・審議にも関わってきました。少年法の理解が進めばと、実務用の注釈書を編んだり、心理職等の非法律家向けの少年法の入門書や体系書なども書いてきました。しかし、少年法に関しては、専門家同士でも議論がかみ合わないと思ったことは、残念ながら、少なくありません。

本書では、少年法の制度・理論をできるだけわかりやすく説明するとともに、私が実際に経験した事件等の実情のほか、諸外国の制度・運用も含む「少年法」の実像を紹介します。そのうえで、非行少年に対する制度、対応はどうするのがよいのかという問題について考えてみたいと思います。そのために、序章で、少年法とはなにか、なぜ保護か厳罰かという議論になるのかについてを考えます。

第一章では、少年法の基本的な考え方や特有の概念、なぜ少年法が設けられたのかなどをみていきます。

第二章では、少年の手続・処分がどうなっているかを、成人の刑事裁判・刑罰と対比させて、どう違うかをみていきます。

第三章では、少年の犯罪・非行の現状・実情を紹介します。

第四章では、諸外国の少年法の実情を紹介します。

第五章では、日本の少年法の生成と展開、その特徴を紹介します。

そして、これらを踏まえて、終章で、これまでの我が国における少年法改正の経過、改正論議などを紹介するとともに、少年法の将来について考えていきたいと思います。


少年法は、次世代である青少年の育成にも関わる重要な法律制度です。しかし、刑罰(刑法)、刑事裁判(刑事訴訟法等)の理解に加えて、教育、福祉等にも関わる複合的、総合的な制度です。多角的な考察や多様な総合判断が必要ですから、正確に理解することは容易ではないと思います。それでも、本書を最後まで読んでいただければ、少年の犯罪・非行の実情、制度について、理解が進み、これまでとは少し違う角度から問題を見ることもできるようになると思います。

本書が、読者の方々が、少年の犯罪や非行、刑罰と保護などについて理解、関心を深められる一助となり、少年問題やそれに関係する諸制度について、考えていただく手助けとなることができれば、筆者として大変ありがたいことだと思っています。

なお、統計資料については、特に断らない限り、公表されている最新のもの(法務総合研究所の『令和二年版犯罪白書』、最高裁判所事務総局『令和元年度司法統計年報4少年編』など)によっています。

最後になりますが、岩波書店新書編集部伊藤耕太郎氏には、本書の企画段階から出版まで大変お世話になりました。ここに記して深く感謝の意を表したいと思います。

二〇二一年(令和三年)三月

廣瀬健二

＊改正法案は本書校了直前の五月二一日に国会で成立しましたので、対応する情報を本文中に織り込みました。

目次

序章　少年法とはどのようなものなのか

一　少年法の意義と性質

少年法は、犯罪やそれに準ずる問題行動である非行を行った少年を扱う法律ということができます。当然、関連する諸制度が有機的に関係し、機能していきますので、その全体を少年法制と呼んでいます。

成人の犯罪を扱う法律として、刑法、刑事訴訟法などがあることは、皆さんもご存じと思います。少年法は、それらの法律に、年少者の特性に応じて保護・教育的な修正を加えているものです。もっとも、日本のように「少年法」という名前の一つの法律に制度がまとめられている国は実は多くはありません。別の名前とされている国、色々な法律に分けて規定されている国も少なくないのです。それでも、諸外国においても実質的に少年法に当たる法律、制度は、ほとんどの国で設けられています。

なぜ、少年に対してそのような特別な制度が設けられ、特別な扱いが行われているのでしょうか。実は、その答えはそう単純・明快ではなく、多くの人々に共通の理解があるともいえないのが、残念ながら、現状だといってよいと思います。このため、衝撃的な少年事件が起きるたびに、少年法への批判や厳罰化を求める議論が繰り返されるのです。しかも、このような動きが起きるのは、我が国に限らず、諸外国でもよくみられることなのです。衝撃的な少年事件をきっかけに法改正や、厳罰化が行われたという先例も珍しくありません。

法の世界の「少年」？

このような議論が繰り返される理由の一つに、少年法が若い法律で、まだ十分にその内容が確立されておらず、流動性が高いものであることが挙げられます。

このことは通常の刑罰や刑事裁判と対比してみるとわかりやすいかと思います。

刑罰というと、「目には目を」「歯には歯を」で有名な、バビロニアのハンムラビ法典をご存じの方が多いと思います。このように、刑罰や刑事裁判制度(刑法・刑事訴訟法)には、有史以来、数千年以上の長い歴史があります。刑法、刑事訴訟法によって犯罪者を捕まえ、その犯罪事実を明らかにして、刑罰を科し、制裁・懲罰を加えて、被害者の処罰要求などに応えてきました。もっとも、最近では、刑罰を科す場合に、犯罪者に犯罪を繰り返させないための再犯防止、立ち直らせるための社会復帰も併せて目指されていることにも留意すべきでしょう。刑事裁判にも各国で相当な違いがありますが、長い歴史の中で、それぞれの国で確立された制度となっています。

これに対して、少年法は、刑罰、刑事裁判制度に、少年の特性を考えた特則を定めているものです。しかもまだ、少年法の制度ができてからせいぜい一二〇年です。制度が数十年続くと、それしか見ていない人々は、それが唯一、不動・不変のもののように思いがちです。しかし、法制度としての少年法は刑事裁判制度に比べても、とても若く、少年法は、法の世界における「少年」だという名言もあるくらい、まだまだ流動的なものなのです。このため、制度自体の是非や改革などに関する議論が起こりやすいのです。

もう一つの原因に、少年法は、年少者を対象とし、その育成(教育・保護)を図るという観点から、その要請に応える制度とされているということがあります。この保護・教育の観点は、その国家・社会における子育ての仕方、教育制度のあり方などに深く関わることになります。このため、その国の宗教、文化、国民性、民族、歴史などの影響も強く受けますし、その国における青少年の位置づけやその育成についての考え方の変化も反映されることになります。

このような事情で、少年法制については、各国・各地域、それぞれに特有の制度が生成、展開されています。その主な制度については、第四章で紹介することにします。

相反する二つの要請をどう調整させるか

そして、このような年少者の保護・教育の観点・要請は、本来の犯罪に対する規制・処罰（犯罪対策）と相反、矛盾するところがあります。年少者が重大・凶悪な犯罪を犯した場合を想定してみればよくわかると思います。加害者が年少の者であったとしても、殺人は殺人、性犯罪は性犯罪で、生命を奪われ、心身に重大な傷を負わされるという結果は同じく生じます。事例によっては、年少者が加害者だったということによって、被害者や一般社会がより大きな衝撃を受けることもあり得ます。少年法も刑事法の特則である以上、犯罪対策の観点は不可欠です。そのような少年に保護・教育的な特則を設けることに、異論・反発が生じるのも当然なのです。

少年法は、このような保護・教育と犯罪対策という本質的に矛盾しかねない観点、要請に基づいた制度なのです。この双方の要請のほどよい調和、バランスをどこでとるかということが本質的な課題ということができます。実際にも、少年法において、保護・教育と犯罪対策のどちらを重視するかによって、制度がどちらかの方向に大きく揺れ動くことになります。諸外国をみても多くの国でそのような動き・変遷がみられます。この点も第四章で触れることにします。

これらの説明でおわかりだと思いますが、少年法を、正確に理解して、その制度の当否を考えていくためには、少年という概念・少年法の生成の歴史、その後の展開、諸外国との比較なども踏まえた幅広い視点を持つことが必要・有効となってくるわけです。

二　少年の特性——保護・教育的な特則を設ける理由

では、少年の特性とはどのようなものでしょうか。少年の特性として、①年少者は、まだ成長・発達の途上にあるため、人格が未成熟であって成人よりも教育可能性・改善可能性(可塑《かそ》性)が大きいこと、②可塑性がある分、教育的な働きかけなどの効果が高いことから、単に制裁を加えるよりも保護・教育的な対応をする方が、その再犯の防止、立ち直り、社会復帰に有効といえること、③年少者であることから、成人よりは、社会の寛容な対応が期待できること、④年少者は、物事を判断する力も、物事を決める力も、成人よりも制約されていることから、犯罪を犯したことに対する責任(非難)の程度が成人よりも軽くなること、などが挙げられています。

少し補足しておきましょう。小学生、中学生のころを思い返してみてください。何か失敗をしてもやり直すこと、学んで改めていくことは、成人してからよりも、ずっと簡単だったでしょう。また、悪いことをしても、「まだ、子どもだから」と勘弁してもらえたり、親や学校の先生からの注意やお仕置きですんだり、大人ほどの処分まではいらないと思ってもらえたという場合も多かったのではないでしょうか。年少者は、物事の判断力、社会で一人で生きていく力が十分ではないうえ、家庭、家族は選べないですし、住むところや学校を変えること、仕事に就くこと、仕事を選ぶことなども、普通、自分だけの力ではうまくできません。犯罪・非行の原因として周りの悪影響が大きい場合も多いですが、そのような周囲の状況から自力で脱出したり、自分で悪い環境を変えることができる大人と、同じように責めることは、年少者に酷になります。

こういう事情を考え併せて、年少者には、制裁・処罰よりも教育・保護的な働きかけが有効であると考えられており、そういう対応が優先されているのです。また、年少者を処罰する場合にも、その刑を緩和したり、軽くすることが行われ、審判・裁判の手続にも色々な配慮が加えられているのも同じ理由によるものです。

三　犯罪対策の必要性

その一方で、年少者であっても、重大・凶悪な犯罪を行った者に対しては、当然のことですが、社会の寛容にも限界があるといえます。既に触れたように、少年法は、犯罪を扱い、規制する法律ですので、被害者や一般社会の処罰要求に応えていくという役割も担っています。この点について、少年犯罪の被害者に対する補償などを充実させることによって、少年に対する制裁・処罰をやめようという提案もあります。理想論としては理解もできますが、殺人で生命が奪われた場合などにも金銭補償しか対応措置はなく、それでは被害者の満足を得られない場合が少なくないのが現状です。重大・凶悪な事件の場合、被害者や一般市民の怒りや不安を解消し、その心情を満足させるのに十分な、処罰に代わる代替措置や対応方法などは、諸外国をみても、みつかっていません。そうである以上、少年法は、少年の犯罪に対する被害感情、処罰感情などに応えるため、加害少年に必要な制裁・処罰を加えるという役割も担わざるを得ないでしょう。

そうすると、少年法には、少年の特性に即した保護・教育の機能と犯罪に対する制裁・処罰

（犯罪対策）の機能の双方が必要だということになります。このどちらの機能に重点を置くか、諸外国でも議論が繰り返され、色々な法制度・運用が展開されている状況です。我が国でも、少年法において保護・教育を重視する立場と犯罪対策を重視する立場とが激しく対立して議論が繰り返されてきました。どちらかに割り切れれば話は簡単ですし、制度設計もわかりやすく、運用も容易です。

しかし、保護・教育の機能と犯罪対策の機能は、少年法において、どちらも必要・重要なものですから、この双方の機能のバランスをいかにとるかが重要な課題となります。言い換えると、少年法の最大の課題は、この双方の調和をうまく図ることだということになっているわけです。

こういう視座に立ちつつ、本書では、まず、少年法に関係する重要な概念や考え方、その制度の概要などを説明し、非行・犯罪の実情をみたうえで、これらの制度的な背景となっている少年法の諸外国での展開状況、我が国における少年法の生成と展開の経緯などをみていきます。そのうえで少年法の改正や今後の問題を考えたいと思います。

四　法律としての少年法

我が国では「少年法」という名前の法律が一九四九年（昭和二四年）に施行されています。この法律は、一九二二年（大正一一年）に制定された「少年法」（「旧少年法」、「大正少年法」と呼ばれています）を全面的に改正したものです。もっとも、少年に関する特則は、少年審判規則、少年院法、更生保護法、少年鑑別所法、児童福祉法などにも定められています。これらも実質的な少年法ということができますので、必要な限度でこれらにも触れていくこととします。

なお、少年を扱うので少年法という名称は当然だと思われているかもしれません。しかし、そうでもないのです。現に、現行少年法の成立経過では、「少年裁判所法」と「少年刑事事件特別処理法」の二本立ての案も検討されていましたし、旧少年法の成立までには、「幼年法」、「少年犯罪に関する法律」、「未成年者の懲治及保護に関する法律」、「不良少年に関する法律」、「未成年法」、「幼年裁判法」、「少年裁判法」、「少年審判法」などの案も検討されていたのです。

五　少年の範囲

最初に、少年法が扱う「少年」の範囲について説明しておきます。少年法の性格は、この「少年」の範囲にも反映されています。

日本の少年法は、犯罪を犯した犯罪少年のほかに、後で説明する触法少年や虞犯《ぐはん》少年も対象としており、これらを非行のある少年（非行少年）と総称しています。少年法制の中では、幅広い少年を扱っている方だといってよいでしょう。詳しくは次章で述べますが、犯罪的な問題を抱えた少年に対して幅広く専門家が関わることとして、そのような少年らが立ち直ることを強く目指している制度だということができます。

少年年齢

少年法が対象とする少年の年齢の上限を少年年齢と呼びますが、これは、現在一九歳（二〇歳未満）までとされています。しかし、選挙権年齢に加えて、二〇二二年（令和四年）から民法の成年年齢（民事成年）が一八歳に引き下げられることなどに関係して、少年年齢の引下げが議論され、二〇二一年（令和三年）、その改正法案が国会審議にかけられることになりました。少年年齢の改正問題については、終章で詳しく触れますが、少年年齢は、旧少年法では、民事成年二〇歳の下で一八歳とされていました。また、諸外国では一八歳のところが多いという指摘もありますが、少年の年齢には色々な観点からのさまざまな規定・規制があり、日本の少年法の特則に実質的に相当するものを比べてみると、二〇歳より高い国も少なくないことをここでは指摘しておきます。

なお、児童福祉法では、一八歳未満を「児童」として扱っていますので、非行少年も一八歳未満は児童福祉手続でも扱うことができることになります。そこで、どちらの手続で扱うかが問題となります。

また、一四歳未満の触法少年、虞犯少年は、まず児童福祉手続で扱われ、家庭裁判所は、児童相談所等から送致を受けてはじめてその事件を扱うこととされています。

このように二〇歳未満の者の呼び方は、法的にも多様ですが、本書では、二〇歳未満の男女を「少年」と呼んでいくこととします。

第一章　少年法の基本的な概念・制度

少年法には、特有の概念や目的などがあります。まずそこから説明します。

少年法一条には、「この法律は、少年の健全な育成を期し、非行のある少年に対して性格の矯正及び環境の調整に関する保護処分を行うとともに、少年の刑事事件について特別の措置を講ずることを目的とする。」と規定されています。実は、一般によく用いられている「非行少年」という言葉は、少年法にはなく「非行のある少年」と書かれているだけです。しかし、本書でも、なじみのある「非行少年」を使うことにします。本書の非行少年には、犯罪少年、触法少年、虞犯少年が含まれることになります。

一　対象となる少年——犯罪少年、触法少年、虞犯少年

犯罪少年

犯罪少年は、犯罪を犯した時に一四歳から一九歳(二〇歳未満)までの少年です。「犯罪」は、法律学上、刑法に明確に定められた殺人、窃盗、傷害などの違法行為を犯した者が刑事責任年齢(一四歳)に達し、責任能力等に問題(たとえば、重大な精神疾患、アルコールや薬物の強い影響な

ど）がない場合に成立するものです。

「非行」は、犯罪よりも広い概念であり、法規範、社会規範に反する行動全般を指す言葉ですが、少年法でいう「非行」には、犯罪と犯罪にならない触法行為と虞犯行為が当たります。

犯罪少年は、捜査の対象となり、後述するように、ほぼ成人並みに取調べ等が行われますが、犯罪の嫌疑が認められた後の手続、処分には、少年の特則が設けられています。

触法少年

触法少年は、一四歳未満の時に犯罪行為に当たる行為をした者です。触法行為とは、犯罪に当たる行為ですが、成人では泥酔者や重い精神障害のある者の行為など、刑法上の責任が認められないものをいいます。少年法では、刑事責任年齢に達しない一四歳未満の者の犯罪となり得る違法行為が触法行為となります。刑事責任年齢は、年少者に対する刑事政策的な判断で決められていますので、時代、国によって変遷があります。なお、諸外国の状況については、第四章で触れます。

一四歳未満の少年であっても、二〇〇四年（平成一六年）に起きた佐世保の女子小学生の同級生殺人事件などのように時折、衝撃的な事件を起こすことがあります。しかし、このような行為は、本人が責任年齢に達していないので犯罪として処罰することはできません。とはいえ、法に触れ、事件によっては重大な被害も生じるので、少年法は、それを行った少年を「触法少年」として、少年審判、保護処分の対象としているのです。

なお、触法少年は、年少であるため、児童相談所などの福祉機関が優先して扱うこととされています。また、触法少年は、刑罰の対象にならないので、児童福祉手続または少年審判手続だけで対応されることになります。

虞犯少年

虞犯少年は、犯罪に至る虞《おそれ》のある問題行状があり、将来、犯罪・触法行為をする虞がある少年です。このような問題行状を虞犯事由、犯罪・触法行為の虞があることを「虞犯性」と呼んでいます。

虞犯事由は次のとおり法定されています。

イ　保護者の正当な監督に服しない性癖のあること。

ロ　正当な理由がなく家庭に寄りつかないこと。

ハ　犯罪性のある人または不道徳な人と交際するか、いかがわしい場所に出入りすること。
ニ　自己または他人の徳性を害する行為をする性癖のあること。

虞犯性は、少年の性格および環境に照らして、将来、犯罪または触法行為をする虞があることとされています。

保護・教育主義の考え方は、少年の問題性に即した最適な働きかけをして立ち直らせ、社会復帰を図るということです。この考え方に立てば、犯罪や非行につながる問題があれば、できるだけ早く発見し、犯罪や触法行為に至る前であっても、適切な対応をすることができる制度が望ましいということになります。しかし、犯罪や非行が起きる前の対応、特に公権力による人権を制約する介入を広く認めますと、対象が不明確になりかねませんし、将来の予測に基づく規制となりますから、人権を侵害してしまうおそれが高くなります。

そこで、少年法では、対象とする虞犯事由を右の四つのもの（イ、ロ、ハ、ニ）に限定したうえ、さらに犯罪や触法行為に及ぶことが強く推測される虞犯性を要求することによって、虞犯少年として扱われる場合を厳格に絞り込んでいるのです。後述するように、非行少年全般が減少していて、虞犯少年も二〇一九年度（令和元年度）は三〇八人となっています。

虞犯少年も保護処分の対象となり、少年院送致となる場合もありますが、犯罪ではないので、刑罰を科すことはできません。

二　少年の健全な育成

少年法の基本概念として、少年法一条にも掲げられている「健全な育成」があります。この言葉には、色々な使われ方、響きがありますし、国家が個人を育成すること自体への疑念などから、これが少年法の目的に掲げられていることに違和感を持つ方もおられるかと思います。

しかし、少年法での「健全な育成」は、非行や犯罪に陥った少年を立ち直らせることを目指すものです。

この「育成」の意味について、非行少年を平均以上の立派な社会人とする積極的な育成を目指すものと考える立場も一部にあります。しかし、多数の立場では、犯罪や非行を犯した少年に対して、その性格や環境上の問題性を把握して、その改善のために必要な教育・保護的な処分を加えて、今後二度と犯罪を犯さないように立ち直らせ、社会復帰させることを目指すもの、と考えられています。確かに、人並、平均以上の社会生活を送れるようになれば、その少年による再犯の防止もできるので、目的が達せられる場合は多いと思います。しかし、少年法では、犯罪・非行の防止に焦点を当て、たとえ、一人前でなくても、平均以下であっても、犯罪・非行を繰り返さないようになればよいという考え方です。既に触れたように、最近では、成人に対しても、犯罪者を社会復帰させることは、刑罰の目的の一つとされていますので、この点には共通性があります。

また、少年法では、少年の健全育成、立ち直らせるために保護処分を行うことを定めていますので、保護処分優先主義とも呼ばれています。

三　非行と要保護性

非行少年を立ち直らせるためには、その少年がどのような犯罪・非行を犯したのか、その原因は何なのかを正確に把握したうえ、どのような対応・措置が、その少年の再犯を防止し、立ち直らせるために最も有効・適切であるのかを分析・検討する必要があります。このような犯罪・非行の原因となっている少年の知能、性格などの本人の問題点、家庭、学校、職場、交遊などの環境上の問題点、少年の立ち直る可能性、処分の有効性などの諸要素を総合して「要保護性」と呼んでいます。少年事件では、非行(犯罪・触法行為・虞犯行為)とともに、この要保護性も審判の対象とされています。そこで、少年に対する調査・審判では、非行の内容とともに要保護性をも解明することが目指されます。通常の刑事裁判では「犯罪事実」だけが審判の対象とされていることと対照的ですが、これも最適な処分によって少年の立ち直りを図るという少年法の保護・教育主義の表れなのです。

四　少年事件に関わる専門家・機関

少年事件には、その手続、処分に関わる特別な専門家、専門機関が設けられています。この点も、刑事事件との違いで、少年法の特徴です。少年法の理解の前提となるものですので、主なものについて説明しておきます。

家庭裁判所

少年事件と家事事件(親子関係、相続等)・人事事件(離婚等)を専門的に扱う家庭裁判所が、全国各地に地方裁判所と同格の裁判所として設けられています。家庭裁判所は、地方裁判所とほぼ同数、各都府県に本庁一か所(北海道は四か所)が置かれ、主要な都市にはその支部が設けられています。また、家庭裁判所の本庁の約半数は専用の独立庁舎を持っています。

家庭裁判所には、裁判官、裁判所書記官、裁判所事務官等の職員が地方裁判所とほぼ同じように配置されています。これに加えて、家庭裁判所には、少年非行の原因・メカニズム、夫婦・親子関係の問題などを専門知識を活用して明らかにするため、家庭裁判所調査官が配置されています。なお、以下では、裁判所書記官は書記官、裁判所事務官は事務官と略して呼んでいきます。

諸外国でも家庭裁判所のような制度がありますが、その実質は、民事事件や刑事事件を扱う裁判所の一部・一係とされているところが多いのです。日本の家庭裁判所は、民事事件や刑事事件を扱う裁判官、書記官等と同じ資格の職員が配置され、独立・専門の組織とされていますので、その実質を比較すると、世界的にも充実しており、誇るべき制度ということができると思います。

家庭裁判所調査官(調査官)

家庭裁判所調査官は、裁判所職員で家庭裁判所において裁判官の命を受けて、少年事件のほか、親族間のもめ事、相続、離婚などの家事事件・人事事件に必要な調査や関係者への働きかけ(調整)などを行う専門職員です。「調査官」と略称されていますので、本書でも、調査官と呼ぶこととします。

調査官になるには、心理学、教育学、社会学、社会福祉学、法律学を大学等で専門的に学び、裁判所職員総合職試験(家庭裁判所調査官補)に合格したうえ、家庭裁判所調査官補として採用され、最高裁判所の裁判所職員総合研修所で二年間の専門的な研修を受け、その養成過程で主任家庭裁判所調査官の下での実務研修を一定期間受ける必要があります。調査官は、任官後も定期的に各種の研修を受けるなどして、その専門性を高めています。

調査官は、少年自身の知能、性格などの問題点、親子関係、交遊関係、学校、職場などの環境上の問題点、少年の犯罪・非行の内容などを調査・分析して犯罪・非行の原因・背景・メカニズムなどを解明して裁判官に報告します。また、調査官は、少年事件では調査結果とともに少年に課すべき処分についての意見(処遇意見)も述べます。このような少年事件に対する調査は、裁判官による「法的調査」と対比する意味で「社会調査」と呼ばれます。また、社会調査の報告書や収集した資料などをまとめた記録は、「社会記録」と呼ばれています。

社会記録は、少年審判における処分決定の重要な資料となるだけでなく、課された処分の執行やその後に再犯があった場合など、その後の少年の調査でも重要な資料として活用されます。調査官は、この社会調査の過程において、少年や保護者と面接して、それぞれの問題点を指摘したり、誓約書を書かせたり、指導・助言等をするなどの働きかけ(教育的措置)も行っています。また、少年が、後で説明する試験観察や補導委託に付された場合には、その少年や保護者らに対して、課題を与えて様子をみながら問題点を改善し、立ち直るために必要・有益な助言、指導をするなどしてケースワーク的にも関わります。

少年鑑別所

少年鑑別所は、主に、保護処分を受ける前の少年審判を受けている少年を収容する法務省の施設です。少年鑑別所は、北海道に四か所、東京都・福岡県に各二か所、その他の府県に各一か所、設けられています。留置場や拘置所が犯罪者を収容するのと同じ様に、少年鑑別所は、調査・審判中の少年を収容する役割を担うことに加えて、そのように収容された少年に対する心身の鑑別を行います。

鑑別には、収容鑑別と在宅鑑別があります。収容鑑別は、少年鑑別所に収容中の少年に対して三週間程度で行われるものです。鑑別の内容として、心理学・教育学等の専門性を備えた法務技官(鑑別技官)が少年に面接するとともに、少年に対して知能検査、性格検査、心理検査などを実施して、少年の知能・性格等の心身の状態、抱えている問題点などを把握し、その分析・考察を行います。また、これと並行して、心理学、教育学等を大学等で学んだ法務教官によって、収容中の少年に対する行動観察が行われます。それらの結果に基づいて、各担当技官・教官のほか、少年鑑別所長、幹部の技官等が参加する判定会議を開いて、少年の問題点・非行の原因を明らかにするとともに少年に対する処分の判定をします。その判定は、鑑別結果通知書として家庭裁判所に報告され、調査、審判において重要な参考資料とされますし、処分の執行段階でも重要な資料として活用されています。

なお、在宅鑑別は、対象者を少年鑑別所に通わせたり、鑑別技官が少年のところを訪問したりして、短時間の面接や簡便なテストなどを使って判定を行います。

少年鑑別所の新しい業務

また二〇一四年(平成二六年)の法改正で、少年鑑別所に地域援助業務が認められました。これを受けて、少年鑑別所では、地域社会における非行・犯罪防止に寄与するための活動も行えるようになりました。具体的には、少年鑑別所が「法務少年支援センター」という名称で、少年、保護者や少年の引受人・勤め先、地域住民などからの相談を受けて助言を与えたり、非行・犯罪の防止に役立つ情報を提供し、関係機関を紹介したり、警察官、検察官、更生保護関係機関等のほか、教育、福祉、保健、医療、雇用などの公私の機関、団体に対して、その非行防止等の取り組みに必要な各種検査の実施、助言、講演、研修の実施などを行っています。二〇一九年度(令和元年度)には、少年等への援助は四六九四人、関係機関・団体への援助は、教育関係が中心で九三一七件の実績があります。

第二章　少年の手続・処分——刑事裁判とどう違うか

先にも述べたように、少年法では、少年に対する手続・処分に、成人に対する刑事手続の特則を設けています。わかりやすくするために、その内容を刑事裁判の場合と対比しながら説明していくことにします。

一　刑事事件の捜査・少年の特則

捜　査

犯罪が起きて捜査機関がこれを認知すると捜査が始められます。捜査は、犯人を見つけ、その犯罪・犯人についての証拠を収集する手続であり、被害者の届け出、目撃者などによる通報、警察官による発見などをきっかけに開始されます。捜査官が、犯罪の疑いがあると思うときには、現場を調べ、関係者から事情を聴き、必要があれば、裁判官の令状を得て、捜索、差押え、検証、鑑定などを行います。また、被疑者を逮捕し、勾留《こうりゅう》して取り調べるなどして、証拠を収集・確保し、犯罪の嫌疑の有無、犯罪事実の内容を確認します。ほとんどの事件は、警察官が捜査をし、検察官は、その嫌疑を確認し、補充的に捜査しますが、複雑な財政経済事件、政治家の事件など、検察官が独自に主体的に捜査を行う場合もあります。

逮捕

被疑者に対する犯罪の嫌疑が高まり、逃走したり、証拠を隠滅するおそれがある場合には身柄を拘束(逮捕)して捜査をすることができます。逮捕は、人権保障のため、現場で犯人、犯罪が現認できた現行犯の場合以外には、裁判官の発付する令状が必要とされています。なお、現行犯逮捕が行われた場合には、その犯罪の裏付けの捜査が中心になります。

少年に対する逮捕については、法律上の特則までは設けられていませんが、警察の内規(犯罪捜査規範二〇八条)には、犯人が少年の場合、逮捕は、なるべく避け、やむを得ず逮捕する場合には、その時期、方法について特に慎重な注意を払うことが要求されています。実際にも、年少の少年に対する逮捕は特に慎重に行われています。

なお、少年の犯罪行為が一四歳未満の時に行われた場合、法的には犯罪とはならない触法行為となります。犯罪ではないので、警察は、捜査をする権限はありませんが、触法少年に対する行政調査として証拠の収集・確認などの活動を行うことはできます。しかし従来、任意の処分しかできなかったので、相手の協力が得られない場合、たとえば、証拠物を提出しない、死因を確認するための解剖に応じてくれないことなどで、真相解明が十分にできないこともありました。そこで、二〇〇七年（平成一九年）の法改正で、刑事訴訟法の規定が準用され、警察官は、証拠物に対する強制処分である捜索、差押え、検証、鑑定処分などは、できるようになりました。しかし、逮捕、勾留など身柄を拘束する強制処分は認められませんでしたので、なお、触法少年の調査には限界があり、問題は残されています。

警察による事件送致

警察は、被疑者を逮捕した場合には四八時間以内に検察官に事件を送ること（送検）が義務づけられています。また、逮捕しない場合には捜査が終った段階で送検することが義務づけられています。この点について後で触れるように、少年の罰金以下の刑に当たる軽い事件の場合、刑罰を科すことができないため、警察は検察官に送検しないで、直接、家庭裁判所に事件を送ること（直送）とされています。なお、触法少年の調査が終了した場合は、児童相談所に事件を送ることになります。

勾　留

検察官は、逮捕された被疑者の弁解を聴いて、身柄拘束を続ける必要があれば裁判官に勾留の請求をし、裁判官は、被疑者に①住居不定、②逃走のおそれ、③罪証隠滅のおそれのいずれかがあって、逮捕に引き続いて身柄を拘束する必要が認められる場合には、勾留状を発付して一〇日間の勾留が認められます。勾留された被疑者は警察の留置場、拘置所等に収容されます。一〇日勾留して捜査を続けても、身柄を拘束したまま捜査を続ける必要(やむを得ない理由)がある場合には、さらに一〇日間、勾留の延長が認められます。このため、重大事件や複雑な事件では、捜査機関は合計二〇日間、被疑者を勾留して捜査を続けることができます。なお、内乱罪、騒乱罪などではさらに五日間勾留を延長することができます。

少年の勾留の特則

少年の勾留には次の特則があります。少年に対して、捜査のために、身柄拘束が必要である場合には、勾留に代えて一〇日間少年鑑別所に収容すること(勾留に代わる観護措置)が原則とされています。少年に対する勾留が認められるのは、勾留に代わる観護措置では賄えない、やむを得ない場合があるときに限定されています。また、少年を勾留する場合、その勾留場所を少年鑑別所とすることを認める特則があります。しかし、少年鑑別所は、既に述べたとおり、原則として各府県庁所在地に一か所しかないので、遠隔地の警察署からは往復に時間がかかること、共犯者などは同じ場所への収容を避ける必要があること、身柄の連れ出し(現場検証など)や大量の証拠の持ち込みなどは難しいことなどから、取調べに時間がかかる複雑な事件、捜査に日数がかかる事件などでは、少年に対する勾留も認められています。しかし、施設、設備上の問題については、予算等による制約ですから、改善が望まれるところです。

二　検察官の役割の特則——全件送致主義(家裁中心主義)

刑事事件の手続

成人の刑事事件では、捜査が終ると、少額の万引きなど特に軽微で検察官があらかじめ指定した事件については警察署限りの微罪処分が認められています。これは例外的な措置とされていますが、実際には刑法犯の三割近くが微罪処分で終っていますので軽視はできません。それ以外の嫌疑が認められた事件は、検察官のところに集められます。これは、刑事手続では検察官に、その事件を起訴するか、不起訴とするかを決める権限があり、犯罪の嫌疑が認められた場合にも裁量的な判断で起訴しない起訴猶予の権限が認められているためです。そして、検察官は、この権限を積極的に行使しており、刑事事件の約六割が検察官による起訴猶予処分で終っています。

また、検察官は、起訴する場合に、罰金を求める略式命令請求とするか、刑事裁判(公判)を開く正式起訴(公判請求)とするかを決めます。さらに、起訴する場合には、起訴する犯罪事実をどう構成するか(たとえば、人が死んだ事件を殺人(殺意が認められる場合)、傷害致死(殺意は無理だが暴行は認められる場合)、過失致死(殺意・暴行はないが過失が認められる場合)のどれで起訴するか)を認定・判断して、起訴状に、公訴事実、罪名、罰条を記載して管轄する地方裁判所等に提出して公訴の提起(起訴・公判請求)を行います。略式命令請求の場合は、略式命令請求書と事件記録を簡易裁判所に提出します。略式命令は、簡易裁判所での書面審査によって発付され、被告人が罰金を納付すれば、事件は終りになります。

正式起訴された場合には、地方裁判所等の公開の法廷で刑事裁判(公判)が開かれますが、検察官は、この公判の審理に立ち会って、起訴した事件の有罪を裁判所に認定してもらえるように、起訴状の朗読、冒頭陳述などで認定を求める犯罪事実を明示し、その事実を認めさせる証拠書類、証拠物を提出し、必要に応じて証人尋問を行うなどの立証活動をします。犯罪事実を争う事件では、弁護人は、証人の反対尋問など検察官の立証に反証、反論するほか、アリバイなどの被告人の無罪証拠や量刑上有利になる証拠の提出も行います。検察官は、必要に応じて、弁護人の立証への反証、反論も行います。裁判所も職権で証拠調べを行うことはできますが、補充的に必要最小限とされています。証拠調べが終ると、検察官は、適正な事実認定、科刑が行われるように、論告・求刑を行い、弁護人が弁論を行い、被告人が最終陳述を行います。その結果、裁判所は判決を下しますが、判決に対して不服があれば、被告人、弁護人のほか、検察官も控訴、上告をすることができます。このように検察官は、刑事手続において は、非常に重要な役割を担っています。

少年事件の特則――全件送致主義

これに対して、少年事件では、検察官は家庭裁判所に事件を送るだけです。それ以降の手続は家庭裁判所が中心となって進め、事実認定も家庭裁判所の職権判断で独自に行います。少年を刑事手続に付して刑罰を求めるか、少年審判等で扱うかという点も含めて少年に対する手続・処分は、家庭裁判所が決定します。このような制度を家裁中心主義と呼んでいます。この運用を可能とするため、少年事件では、捜査の結果、嫌疑が認められた事件は、罰金以下の軽い罪は、警察から家庭裁判所に直送され、それ以外の犯罪は、警察から検察官を経由して、家庭裁判所に送ることが義務づけられています。この制度によって、嫌疑の認められた少年事件はすべて家庭裁判所に送致されますので、全件送致主義と呼ばれています。全件送致主義は、これから述べるような家庭裁判所が少年に対して行う特別な取扱いを、手続として保障・確保している重要な制度ということができます。このため、全件送致が改正問題の焦点とされたこともありました。

簡易送致等の例外

もっとも、どんなに軽微な事件でも、すべて同じように、証拠書類等を作成し、証拠を揃えて家庭裁判所に送致することが要求されますと、警察官、検察官の負担が過大となりかねません。また、成長途上の少年の事件には、一過性のもの、軽微なものなどで、本人の反省や親の監督などで、公的な介入がそれ以上必要でない事件も少なくありません。そこで、警察庁、最高検察庁、最高裁判所が申し合わせをして、軽微な万引きで再犯のおそれが認められないものなど、一定の事件については、送致書だけで証拠書類等を付けなくてよい簡易な方式での送致（簡易送致）が認められています。簡易送致は、交通関係事件以外の一般事件の約三割で行われ、そのほとんどが審判不開始で終っています。簡易送致には、手抜きだなどという批判もあります。簡易送致の対象となる事件であっても、家庭裁判所の適切な運用が求められることは、そのとおりです。しかし、関係機関の人員、予算などに限界がある以上、問題性が高い事件に人員、予算を重点的に投入することができるように、事件の取扱いについての重点の置き方、運用上のあり方を考え、簡易な方式による例外を認めるという合理性自体は否定できないと思われます。

また、交通反則制度(いわゆる交通切符)は、少年にも適用されますので、少年事件でも交通反則金納付で済み、家庭裁判所に送致されない事件が相当な数あります。これも全件送致の例外ともいえますが、交通反則制度は、道路交通法違反事件の膨大さ、定型的・共通な問題性に着目した、成人・少年に共通した刑事司法の政策的な例外の制度です。これは少年事件特有の例外ではないので、全件送致の例外という必要もないと思います。

三　家庭裁判所の調査手続

少年事件を受理した家庭裁判所では、刑事事件を扱う地方裁判所とは異なり、自ら少年事件に対する調査を行ったうえ、審判、処分の決定を行います。犯罪少年、触法少年、虞犯少年で、それぞれ扱い方が異なります。また、犯罪少年でも犯罪の軽重、少年の年齢・問題性などによっても家庭裁判所の扱い方は分かれてきます。もっとも、その違いのほとんどは法的なものではなく実務の運用によるものです。主なところを概説します。

法的調査

まず、裁判官が、送致された犯罪事実について、少年事件として扱うことができる法的な要件を備えているか、証拠が一通り揃っているかを確認します。その結果、犯罪の嫌疑が認められない場合には審判不開始決定で手続を打ち切ります。もっとも、警察官、検察官が犯罪の嫌疑を確認したうえで事件送致してきていますので、実際には、そのような事例は極く少数で、二〇一九年度(令和元年度)は〇・二%でした。犯罪の嫌疑が認められる場合でも、先ほどの簡易送致事件など、非行事実が軽微で、特に公的な介入をしなくても少年の更生が期待できる事件も審判不開始決定で終りになります。これらの場合、少年は、審判不開始決定によって手続から解放されます。それ以外の少年事件は、裁判官から調査命令が出されて調査官による調査が開始されます。なお、この段階の調査は社会調査を行う必要があるかの前提となる予備的なものですから、裁判官だけの判断となります。

社会調査

少年審判のために調査官が行う少年の知能、性格、環境等、少年の問題点および非行の原因等に関する調査のことを社会調査と呼びます。社会調査のため、調査官は、事件記録に当たって非行事実の内容を把握・検討したうえ、関係する資料を収集し、少年、保護者、関係者などと面接して詳しい事情、特に警察などには話さなかった事件の背景などを聴き出します。また、調査官は、少年の家庭、学校、職場などへの訪問調査を行ったり、必要に応じて、少年に作文や絵を描かせたり、心理テストなども行います。かつては社会調査では、少年との信頼関係を確立し、それを維持、確保することが優先されるため、被害者等への調査が十分には行われないということもありました。しかし、最近では、非行の原因、結果を正確に把握するためにも被害者への調査も重要であるという認識が共有されて、被害者に対する調査も励行されています。

また、非行が重大である事件や少年の問題性が大きくて、身柄を拘束して詳しい調査をする必要がある場合には、少年を少年鑑別所に送る決定(観護措置決定)をして、少年を少年鑑別所に収容して、その心身の鑑別を行いながら、調査官が社会調査を実施します。この場合、調査官は、その少年を担当する少年鑑別所の法務技官、法務教官等とも連絡を取り合いながら社会調査を進めます。そのうえ、少年鑑別所から提出された鑑別結果通知書の判定結果も参考として、調査官としての処遇意見も付した少年調査票をまとめて裁判官に調査報告を行います。この社会調査の間に、裁判官から指示があったり、調査官と裁判官との間で必要に応じて打ち合わせも行われます。社会調査は、このように調査官や少年鑑別所の技官など人間行動諸科学の専門知識を活用して行われるものですので、科学調査とも呼ばれています。

社会記録

調査官が社会調査で収集した資料、鑑別結果通知書、少年調査票などは、一冊にファイルされて家庭裁判所で保管されます。実務上これを、社会記録と呼んでいます。社会記録は、事件ごとではなく、少年ごとにファイルされています。社会記録は、その少年の事件が家庭裁判所にくれば、その都度、活用されます。また、社会記録は、後で説明する保護観察や少年院送致などの保護処分の執行の際の参考資料ともされます。さらに、少年の刑事裁判においても地方裁判所に送られて活用されることがあります。

教育的措置（保護的措置）

既に触れたように、社会調査の過程で、調査官は、少年や保護者に対して、面接などの場面で、非行の原因となった少年の性格上の問題点、生活・行動上の改善すべき問題点、保護者の養育・指導上の問題点、少年が立ち直るために改善・実践すべき点などを具体的に指摘したり、助言・指導を行うなどのさまざまな働きかけを行っています。これらの働きかけは、保護的措置（教育的措置）と総称されています。

教育的措置としては、たとえば、少年の非行に対する認識・受け止め方や内省の程度を確認するため、少年に反省文や誓約書を書かせたり、今後の生活・指導等の改善・変更事項を確認したり、課題を与えて解答を求めたりもします。また、少年や保護者の改善意欲やその見通しを確認するため、明らかになった少年の資質、環境上の問題点を指摘して、その反応をみることもあります。調査官は、調査の過程で起きた少年や保護者の不適切な態度や言動に対しては、必要な訓戒・指導も行いますし、少年、保護者に必要な助言をしたり、家庭裁判所の講習に参加させるなどさまざまな働きかけを行っています。

軽微な事件などで、教育的措置の効果があがり、それ以上、家庭裁判所が関わる必要がない場合には、審判不開始決定によって事件を終りにします。これが審判不開始となる場合の多くで、二〇一九年度(令和元年度)では、審判不開始となった事件のうち八一・四%が教育的措置を受けています。しかし、少年の非行が軽くない場合、少年の問題性がより大きい場合には、審判開始決定によって少年審判手続が進められます。

四　少年審判

少年審判は、成人の刑事裁判でいえば公判手続に相当するものですが、これから述べるように、公判手続の例外というよりも、相当に異なった特別な制度が設けられています。

少年審判廷

刑事裁判は、ご存じのように、地方裁判所、簡易裁判所の傍聴席が設けられている公開の法廷(図1・図2参照)で行われます。図のように法廷内には、高い法壇の上に法服を着た裁判官(一人から三人)、裁判員事件では、その両脇に裁判員六人が、並んで座り、法壇の下には、証言台を挟んで向き合って置かれた机に検察官と弁護人が座り、柵の後方に傍聴席が設けられて

1 裁判官　2 裁判所書記官　3 裁判所速記官　4 裁判所事務官
5 検察官　6 弁護人　7 被告人

図1　刑事合議法廷

（出典：廣瀬健二『コンパクト刑事訴訟法〔第2版〕』151頁）

います。被告人は弁護人の近くに、犯罪被害者が参加する場合には検察官の近くに、それぞれ着席します。

刑事裁判手続は、刑事訴訟法等の法令で厳格に定められた順序、方法に従って厳粛に進められていきます。

これに対して、少年審判は、**写真1**のように、法廷よりもずっと小さいコンパクトな少年審判廷において、裁判官が少年、保護者と机を挟んで向かい合い、調査官、付添人のほかは出席が許可された関係者だけを交えて、手続が、いわば膝詰めで、非公開で、進められていきます。

なお、合議体での審判が行われる場合には、これよりも一回り大きい審判廷の大きめの横長の机に裁判官三人が並んで着席し、裁判長の指揮の下で審判手続が進められます。

少年審判の参加者

刑事裁判には、被告人、裁判官、書記官、事務官、検察

1 裁判官　2 裁判員　3 裁判所書記官　4 裁判所事務官
5 検察官　6 弁護人　7 被告人

図 2　裁判員法廷（出典：廣瀬健二『コンパクト刑事訴訟法〔第 2 版〕』178 頁）

官、弁護人等のほか、既に触れたとおり、裁判員裁判では裁判員が加わります。犯罪被害者の参加が許可された場合には、犯罪被害者とその委託弁護士も法廷の柵内に入ります。また、柵の後方の傍聴席では、傍聴人が自由に傍聴することができます。

これに対して、少年審判では、少年、裁判官、書記官、事務官が参加するだけで、検察官の出席は、一定の事件で裁判官の許可を得た場合に限って認められます。また、刑事裁判にはいない調査官、保護者、付添人が少年審判の参加者となりますが、少年の親族、教員などの関係者の審判への参加は、刑事裁判と異なり、裁判官の許可を得た場合に限られます。また、傍聴は、犯罪被害者のみで、死亡、重傷を負わせた一定の事件で許可された場合に限られます。

1 裁判官　2 書記官　3 調査官　4 事務官
5 少年　6 保護者　7 付添人

写真１　少年審判（模擬．出典：裁判所ウェブサイト）

付添人

付添人は、少年のために活動する者で、刑事裁判の弁護人に相当するものです。しかし、刑事裁判と少年審判の性質の差異に応じて、異なる役割もあります。弁護人と共通するのは、付添人が、非行事実の適正な認定を求め、手続を監視し、不服を申し立てるなど、少年の権利保護のための役割を果たすことです。

少年および少年審判の特性に応じた役割の差異として、付添人には、未成熟な少年に対して後見的な役割が求められます。また、少年の最善の利益のため、少年審判に必要な協力を果たすことなども求められます。少年が立ち直るために最適な処分を追求することは、付添人と家庭裁判所との共通の目的となるはずだからです。したがって、付添人は、いたずらに少年の軽い処分を求めればよいというものではないとされています。

付添人には、ほとんどは弁護士が選任されていますが、特に資格は要求されておらず、家庭裁判所の許可を受ければ誰でも付添人になることができます。実際にも、保護者が家庭裁判所の許可を受けて付添人となる事例もごく少数ですが、みられます(二〇一九年度(令和元年度)は五〇九八人中九人)。また、親がいない、親が審判に来られない少年に、家庭裁判所が親代わりに、少年友の会(家事調停委員などの有志で組織されるボランティア団体)の会員などを付添人として認める場合もあります。

国選付添人

刑事裁判では国費で選任する国選弁護人が以前から広く認められています。しかし、家庭裁判所での国選付添人は、旧少年法にはありましたが、現行少年法では、当初は全く認められていませんでした。これは、後述するように、現行少年法の立案に当たって、少年審判では、もっぱら要保護性の審理、処分の決定を行うことが念頭に置かれ、非行事実の認定手続に対する問題意識が乏しかったため、調査官の調査があるので、少年、保護者に付添人の選任権を認めるだけで十分と考えられたのではないかと思われます。

しかし、改正問題のところで触れるように、二〇〇〇年(平成一二年)の改正で、少年、保護者が付添人を付けない場合に家庭裁判所が職権で付添人を選任する、国選付添人制度が設けられました。もっとも、その対象は、当初は殺人、傷害致死等の重罪で検察官が関与した事件だけでした。その後、徐々にその対象となる事件が広げられてきた結果、二〇一四年(平成二六年)からは、死刑、無期、三年を超える懲役・禁錮刑に当たる罪にまで国選付添人を選任することができるようになっています。このため、窃盗、詐欺、傷害など主要な犯罪のほとんどで国選付添人を選任できるようになりました。ただし、刑事裁判では、被疑者、被告人に、国選弁護人選任の請求権が認められているのと異なり、国選付添人は、家庭裁判所がその必要性を判断して職権で選任しますので、少年などが要望しても、必ず選任されるわけではありません。

それでも、このような法改正と日本弁護士連合会(日弁連)の付添人選任を支援する活動もあって、実際の付添人選任数は年々増えてきており、二〇一九年度(令和元年度)では、一般保護事件の総終局人員一万九五八九人中、付添人は五〇九八人(二六%)選任されています。最近では、少年が少年院送致とされた身柄事件(少年鑑別所に収容されて審判を受ける事件)では、ほとんど弁護士の付添人が選任されています。

調査官の審判出席

調査官は、少年審判では、少年や保護者に質問をしたり、処分に関する意見を述べるため、少年審判への出席が原則とされています。しかし、調査官は、調査業務を担当していますし、少年審判が開かれる事件数は多いので、少年が少年鑑別所に収容されている身柄事件には必ず出席しますが、それ以外の事件(在宅事件)で、審判に出席する必要性が高くない事件では裁判官が出頭しないことを許可し、必要性の高い事件に限って審判に出席して審理に立ち会っている状況です。

検察官の審判出席

検察官は、少年審判への出席は全く認められていませんでした。しかし、後述するように、二〇〇〇年(平成一二年)の改正により、犯罪少年の、殺人、強盗、放火、強制性交などの重大な事件(死刑、無期、短期二年以上の懲役・禁錮に当たる罪)であって、非行事実認定のために必要があり、家庭裁判所が出席を求めた場合、あるいは出席を許可した場合には、検察官が審判に出席できることとされました。その対象事件は、二〇一四年(平成二六年)の改正で主要な犯罪(窃盗、傷害等)の事件(死刑、無期、長期三年を超える懲役・禁錮の事件)にまで大幅に広げられました。しかし、家庭裁判所は、検察官の少年審判出席の必要性を厳格に判断しているため、実際に、検察官が審判に出席している事件は、非常に限られています。二〇一九年度(令和元年度)

の検察官の少年審判出席が許可されたのは三九件、全体の〇・二%でした。

他の関係者の出席

少年には、保護者以外にもさまざまな関係がある人たちがいます。このような人たちの中には是非、審判に出たいという人もいますが、少年のこれまでの生活の状況やその問題点、今後の少年の指導・監督の方法などについて裁判官が審判で関係者に直接事情を聴く必要がある場合、希望があって出席させても差し支えがない場合に、家庭裁判所がその出席を許可していきます。実際には、少年の兄弟、叔父叔母、祖父母、学校長、担任教員、生徒指導担当教員、雇い主、補導委託先の受託者、保護観察官などの審判への出席が許可されています。

審判手続の柔軟性――要式性の排除

刑事裁判では、裁判所は証拠の中身に一切触れないまま、白紙の状態で審理に臨み、公開された法廷(公判廷)で、検察官が起訴された犯罪事実の有罪を主張・立証し、弁護人がこれに反論・反証して攻撃防御を繰り返した後に、裁判所が第三者的に公平に判断を下します(これを当事者主義といいます)。犯罪事実が争われる事件では、テレビドラマの法廷シーンで見られるような、検察官と弁護人とが対立・抗争し、裁判官が裁定することも行われています。

これに対して、少年審判では、審理の具体的な手続の順序・方法などを定めている規定は置かれていません。家庭裁判所が自ら手続を進める方式がとられています（これを職権主義といいます）。実際にも、ほとんどの少年事件では、少年審判に検察官は出席しないうえ、付添人が選任されていない事件もまだまだ多いので、家庭裁判所が、少年、保護者に適宜、質問して非行事実を確認し、必要な証拠を取り調べて手続を進める場合が多いのです。

既に触れたとおり、刑事裁判では、その手続の進め方、審理の順序、証拠調べの方法などが刑事訴訟法などの関係法規で厳格に定められています。これに対して、少年審判の進め方については、少年法には「懇切を旨として、和やかに行うとともに、非行のある少年に対し自己の非行について内省を促すものとしなければならない」こと、非公開で行うことが規定されているだけです。また、少年審判規則にも、人定質問、権利告知など、ごく僅かの規定が置かれているだけです。

このように少年審判は、手続の要式性（一定の方式に従うことを必要とすること）を排除し、裁判官の裁量権を最大限度認めて、手続の運営のあり方のほとんどが家庭裁判所の裁量に委ねられている制度とされています。これは、個々の非行少年の年齢・性格、問題性などに即して、年少者にも気後れさせずに、真実を述べさせて、その問題点を正確に把握し、最適な処分を決めていくためには、年少者の情操保護にも配慮した最も相応しいやり方を、裁判官に委ねることが望ましいという考え方によるものです。

「審判は、懇切を旨として、和やかに行う」

私の審判実務の経験に照らして補足しますと、審判で対応する少年には、中学生、高校生、高校中退者、大学生、社会人、まれには小学生(触法少年)まで年齢・経歴等に大きな幅があります。また、少年には、家庭裁判所に初めて来て緊張してカチカチに硬くなっている者、幼く、わがままな態度をとる者、前歴があり世慣れてすれている者、大人への不信感が強い者などさまざまです。少年は、成人と違って未成熟である分、ストレートに反応しますので、性格や反省状況などが理解しやすいことがある一方、押し黙ってしまったり、不貞腐れたり、露骨に反抗したりする者も散見されます。

このような多様な少年に適切に対応するため、裁判官は、事件記録、社会記録を読み込んだうえ、調査官と打ち合わせをして、事件の内容だけでなく、少年の知能、性格などの特徴をできるだけ理解したうえで審判に臨みます。裁判官は、刑事裁判のように法服は着ませんし、ワイシャツの色、ネクタイの柄なども、審判の雰囲気を壊さないように気を使っています。人定質問、非行事実の説明などについても、その少年の理解力に応じてできるだけわかりやすく行い、少年を萎縮させずに、事件の真相や真意を語らせて、非行の内容、非行の時の気持ち、非行の後どう思ったかなどをできるだけ聴き出すことに努めます。また、少年に自分の問題点、改めるべき点を自覚させ、反省を深めさせ、立ち直る意欲を高めさせることに努めています。

もちろん、少年、保護者の中には、態度の悪い者、自分の問題に目が向かない者、責任転嫁する者、反省が不十分な者などもいますので、それぞれの問題点を指摘し、必要な訓戒、説諭は、当然、厳しく行います。同時に、少年の頑張りや保護者の適切な努力などは支持し、励ましを与え、必要な共感、理解も示すように努めています。

少年法二二条の「審判は、懇切を旨として、和やかに行う」というのは、このように少年の年齢・性格等に相応しく、できるだけわかりやすく、状況に応じて、温かくも厳しく、適切に対応をするということだと家庭裁判所では理解して運用しています。二〇〇〇年(平成一二年)の法改正で「自己の非行について内省を促す」ことが追加されましたが、従前から当然のように少年審判で行われていた運用を確認したものに過ぎないと理解されています。

実際にも、少年審判の最初に、少年に対する人定質問、権利告知を行う際に、少年の緊張が強い場合には、落ち着かせ、気持ちをほぐすように対応しますし、逆に反抗的であったり、態度が悪い者には、それを改めるように厳しく指摘します。そのうえで、少年にできるだけわかりやすく説明し、その真意を述べやすい雰囲気作りにも努めます。非行事実の認否についても、少年の言い分をよく聴いて、何が言いたいのか、非行事実のどの部分が違っていると思うのか、などをきめ細かく、きちんと確認するように努めます。法律用語(共謀、窃取《せっしゅ》、喝取《かっしゅ》、騙取《へんしゅ》、強取《ごうしゅ》など)については、特によくわかるまで説明します。少年や保護者が、どこまでわかっているかを確認したうえ、非行事実の認定に関係する事実を順次、確認していきます。

たとえば、共犯事件で「現場にいたが手を出していない」という少年が時々います。このような場合には、どういう状況でどの程度関われば共犯となるのかを説明したうえ、手を出した少年との関係、他の少年が手を出したことについてどう思ったか、現場で少年のいた位置、被害者との距離、少年、共犯者、被害者の態度や言動などを確認して、非行事実のどこを争っているのかを確認していきます。

保護者に対する指導

また保護者について、読者は、親が子どもを助け、守るのは当然と考えていると思います。

ですが、少年事件ではそうともいえないのです。少年審判に呼び出される保護者の中には、少年に対する虐待、遺棄・放置、折檻など有害な対応をしている者のほかにも、調査に協力しない者、調査官の呼び出しに応じない者、審判廷に来ない者、家庭不和、不適切な養育、不行状などの保護者の行為・態度が少年の非行の原因となっている者、犯罪者として逮捕・勾留されている者、受刑中の者、多重債務者、アルコール・薬物依存の者、病気や心身に深刻な問題をかかえている者など、経済的・能力的に問題をかかえ、少年に対する適切なしつけや養育をしない者、やる気はあるができない者、少年の意見を聴かない者、少年の気持ちが理解できない者、養育・しつけとして少年に対して過保護や過干渉な対応をする者、生活に疲れ果てて少年への監護意欲を喪失してしまっている者など、親自身にも知能、性格、心身、経済状態などにさまざまな問題をかかえていることが少なくないのです。

そこで、裁判官としては、保護者に対しても、心を開いて審判に真摯に臨んでもらうことを心がけ、少年に対する監護意欲を高めてもらうように努力しています。

二〇〇〇年(平成一二年)の法改正で、家庭裁判所が保護者に対して「少年の監護に関する責任を自覚」させ、「訓戒、指導その他の適当な措置」を取るとの文言が追加されましたが、これも従前の家庭裁判所の保護者に対する指導等の実務運用を確認したものです。

入退廷も適宜判断

さらに、少年審判では、親の前・子どもの前では、それぞれ言いたくない・言われたくないことも出てきます。そのような審判の場面では、少年あるいは保護者、場合によっては双方を、一時的に退席させ、問題が解消した場面で入廷させるなどして、入退廷を繰り返すということも適宜、家庭裁判所が行っています。これは、少年の情操保護、保護者の心情、親子関係の悪化防止等に配慮することによって、少年の改善、更生を図る趣旨ですが、刑事裁判とは相当に異なる弾力的な運用です。

手続の非公開

少年審判では、少年の遺伝的負因、精神的な疾患、難病・奇病等も含む心身の問題点、出生の秘密、性的虐待や親族間の秘め事なども含む家庭内の深刻な問題など、人前ではとても口にできないような事情についても、できる限り率直、正確に述べてもらい、非行の背景、原因を解明し、最適な処分を目指すことができるように、その手続は非公開とされています。

また、話すことが難しくない内容であっても、少年や保護者が少年審判で、萎縮せずに、真相・真意を話しやすくすること、公開で審判することによって少年を晒し者にしてしまって、その立ち直りに支障が生じることを防ぐこと、社会調査の際に調査官が秘密の保持を確約して、その前提で関係者の協力を得ていることに応えることなども非公開とする理由とされています。

このように、手続の非公開の原則は、調査結果の秘密保持、後で触れる推知報道の禁止などの非公表の原則、などとも共通する制度です。この原則は、諸外国でも広くとられているもので、少年法の重要な原則といってよいものです。この原則は、諸外国では、少年の刑事裁判手続にも及んでいますが、我が国では少年の刑事裁判には推知報道禁止以外の特則はありません。刑事裁判でも、少年の萎縮防止などの適正な審理、判決をするための必要性、少年の立ち直りの障害を防ぐ必要性などに変わりはありません。そこで、傍聴を被害者や報道機関などに限定し、公開を制限する改正の必要性が指摘されています。

少年の身柄拘束──観護措置

重大な犯罪などでは、捜査、裁判中の犯人(被疑者、被告人)が逃走したり、証拠隠滅したり、中には自傷、自殺したりすることもあるので、刑事裁判では公判審理のために、勾留によって被告人の身柄を必要な期間、拘置所や警察の留置施設に収容して身柄を拘束することが認められています。

少年審判でも、調査・審判のために、既に触れたように、観護措置決定によって少年を少年鑑別所に収容して身柄を拘束することができます。観護措置は道路交通法違反事件以外の一般保護事件の一割程度でとられています。二〇一九年度(令和元年度)は五〇五五人で一般保護事件の一一・七%ですが、観護措置の比率が高いのは、凶悪事件(強盗九〇・六%、放火八〇%、殺人七〇%、強制性交六九・四%)のほか、覚醒剤取締法違反(九一%)、虞犯(六九・二%)などです。

刑事裁判では、被告人の勾留は、最低でも三か月、重大事件や罪証隠滅のおそれのある事件では、期間上限の定めがなく、必要性が認められる限り、裁判が終るまで勾留を継続することができます。

これに対して、少年審判では、迅速性を確保する必要性や少年の情操保護などのため、少年の身柄拘束は、非常に短期間に限定されています。従前、少年審判のために身柄を拘束する観護措置は一律に最長四週間とされていました。しかし、それでは重大な事件や否認事件に適切に対応できないため、二〇〇〇年(平成一二年)の改正によって、非行事実の認定のため、証人尋問をするなど、特に期間延長の必要がある場合には、さらに四週間の更新が認められ、最大八週間までに観護措置の期間が延伸されました。それでも、多数の証人を調べる必要がある事件などでは、拘束できる期間が足りなくなって、やむなく、重大事件でも、少年の身柄を釈放して審判を続けている事例も散見されています。

諸外国では、重大事件に関しては、必要な証拠調べ等のための審理期間は確保されていますので、さらなる改正の必要があると指摘されているところです。

少年審判手続の流れ

刑事裁判の手続の流れは、裁判官が、被告人に氏名、住所など聞いて人違いでないことを確認する人定質問、検察官による起訴状朗読、裁判官による被告人への黙秘権等の告知、犯罪事実について、被告人の陳述と弁護人の意見を聞く罪状認否が冒頭に行われたあと、検察官による有罪・科刑に向けた主張(冒頭陳述)、立証(証拠書類、証拠物の提出、証人尋問など)、弁護人による反証・反論、被告人質問、検察官の論告・求刑、弁護人の最終弁論、被告人の最終陳述を経て判決が言い渡されるという順序になっています。

これに対し、少年審判では、裁判官による人定質問、少年に対する権利の説明、非行事実の告知、少年・付添人の認否のあと、非行事実の審理、要保護性の審理、処遇の選択、決定の告知という流れとなります。一見似ているようですが、検察官は、原則として審判に出席しませんし、出席する場合でも冒頭陳述は行いません。裁判官が職権で証拠調べを進めていく手続とされています。既に触れたように、少年審判は、非公開で、少年の年齢・性格等を考慮して、少年を萎縮させず、真実を述べやすくするなどの教育的な配慮に基づいた弾力的な運用が行われています。

既に少し触れましたが、非行事実の審理、要保護性の審理、処遇の選択の実情について、少し詳しく補足することにします。

非行事実の審理

刑事裁判では、既に触れたように、裁判官は、犯罪事実の存否の審理に、証拠を見ないで白紙の状態で臨みます。検察官は、証拠で証明する事実を冒頭陳述で提示した後、その立証のために、証拠書類、証拠物を提出し、証人尋問等を請求して積極的に有罪を求める立証活動をし、弁護人は検察官の提出した証拠の証明力を減殺、弾劾する証拠やアリバイなど被告人に有利な証拠を提出するなどの反証活動を行うとともに、検察官の主張に反論をします。裁判官は、証拠については、同意のない証拠書類や又聞きの供述の利用を原則禁止する伝聞法則、任意性のない自白の利用を禁止する自白法則、自白に補強証拠を要求する補強法則、収集手続に重大な違法がある証拠を排除する違法収集証拠排除法則などの厳格な証拠法則に則って、弁護人の同意した証拠や反対尋問を経た証拠だけを採用し、採用した証拠に基づいて合理的な疑いを超える証明(確信の証明)がなされた限度で、犯罪事実を認定します。

これに対して、少年審判では、検察官は、出席しないのが原則ですし、例外的に出席する場合にも検察官による冒頭陳述、証拠調べ請求は行われません。裁判官は、少年の認否を聴いたうえで、検察官から事件記録として送付されている証拠書類、証拠物などを必要な限度で職権で取り調べ、それぞれ証拠の信用性を吟味し、その証拠で認定できる事実を確認しながら非行事実を認定していきます。なお、付添人および出席を許された検察官は、それぞれ証拠調べの申出をすることができます。

少年審判では、裁判官が事件記録によって事件の概要・問題点を把握したうえで、審判の指揮をする必要がありますので、証拠書類の利用を原則禁止する伝聞法則は、適用されません。しかし、それ以外の、自白法則、補強法則、違法収集証拠排除法則などの証拠法則は、少年審判でも、刑事裁判と同様に適用されます。裁判官は、それらの証拠法則に則って証拠を採用して、その証拠の信用性を評価しながら、非行事実の存否を審理していきます。

実際には、少年事件では、少年が非行事実を認める場合がほとんどですので、そういう事件では少年の自白に間違いがないか、信用できるかを、自白を裏付ける証拠を検討して、確認すれば済む場合が多いのです。しかし、非行事実に争いがあって、少年側からアリバイなど、少年に有利な証拠が提出されて、その証拠価値の吟味が求められる事件、事実の適正な認定のために、送致された事件記録にはない、新たな証拠を収集して取り調べる必要が生じる事件などもあります。このような事件では、裁判官が自分で新たな証拠を収集・吟味する職権を行使することも法的には可能です。しかし、裁判官が自ら収集・発見した証拠には、思い入れが強くなってしまい、その証拠評価・判断には過大評価などの偏りが生じるおそれがあります。また、家庭裁判所には検察事務官や警察官のような事実調査の補助機構もありません。少年に有利な証拠を裁判官が審判で批判的に吟味したり、少年の弁解の不合理さを追及したりすると、非行事実を適切に認定して少年に最適な処分をしても、少年に不信感をもたれてしまい、処分の効果が思うように上がらないおそれもあります。

このため、裁判官から、検察官に補充捜査を依頼したり、検察官の審判への出席を求めて、必要な証拠の収集、立証、少年側の証拠の弾劾、反論をしてもらうことが認められました。検察官の審判出席は、既に触れたとおり、二〇〇〇年(平成一二年)の改正で、重大事件に限定して認められ、二〇一四年(平成二六年)の改正でその範囲が主要な事件にまで拡大されました。

検察官の審判出席を認めたこの改正には「厳罰化」という批判も強いのですが、非行事実の存否の認定、非行事実の内容を正確に認定することは、少年の人権保障、冤罪防止に役立つだけではなく、少年の問題性を正確に把握し、最適な処分の決定をする前提としても不可欠なものですから、少年に対する最適な保護・教育のためにも必要なものなのです。また、検察官は、審判の非行事実認定の手続にだけ出席することができ、処分を決める要保護性の審理には関与できません。ですから、この改正が厳罰化だという批判は、的外れというべきではないでしょうか。

非行事実の審理によって、非行事実が認められない場合には不処分で事件は終りになります。しかし、警察官、検察官が証拠を吟味して嫌疑が認められた事件だけが送致されてきているので、非行なしを理由とする不処分は、ごく僅かの事例になり、二〇一九年度(令和元年度)では〇・五％です。

ほとんどの少年事件では、非行事実が認められて、その後、要保護性の審理に移ります。もっとも、少年が非行事実を認め、問題なく非行事実が認定できる事件では、非行事実の審理と要保護性の審理との間は明確には区分されず、双方が渾然と進められて、処遇の選択が行われています。

要保護性の審理

要保護性の審理では、少年の非行の原因、最適な処分・措置のために必要・有効な要素、行うべき処分・措置の種類・内容、相応しい保護処分の種類・内容、その有効性などが検討されることになります。

既に述べたように、少年鑑別所の鑑別結果通知書、調査官の調査報告書によって、少年の知能、性格上の問題点、保護者や保護環境の問題点、学校、職場、交遊関係等の問題点、少年の反省状況、自己改善意欲、保護者の監護意欲・能力、親族、学校、勤め先などの少年の受入れ態勢、監督の可能性などは明らかにされています。しかし、少年には可塑性があって、何かのきっかけで大きく変化することもありますし、科学調査も、人間関係諸科学の進歩も人間の心理・行動の複雑さに完全に対応できているものではありません。私の経験でも、審判で少年と詳しく話していくうちに、『家栽の人』のドラマのシーンほどではないですが、それまで全く、事件記録や調査報告では出ていなかったことを、少年が語り出して、内省の深まりが見られた経験もしています。

実際にも、裁判官は、審判廷で必要と思われる点を少年、保護者に直接、確認していきます。

また、少年・保護者、付添人から、それまでの調査結果に表れていない、少年の反省等の変化、被害者への謝罪・弁償、少年の転居、転校、転職、保護環境の改善、新たな受入れ先の開拓などについて、主張・立証がなされることもあります。このような場合には、その内容の確認を行うことになります。

要保護性については、少年の改善更生のために将来的、展望的に何がどの程度有効であるかについての総合的な判断が下されます。そのために、さらに必要と思われる証拠資料の収集、取調べも裁判所が職権で行うことができます。しかし、実際には、調査官に調査させるほかは、関係者を審判に参加させて尋ねる場合が多いと思われます。

処遇の選択

家庭裁判所は、非行事実が認められ、要保護性に関する諸事情の確認も終ると、それらに基づいて、少年に課す処分・措置、扱う手続を決定します。保護処分の決定だけでなく、それ以外の少年に対する措置、少年を扱う手続も選択するので、処遇の選択と呼んでいます。

刑事裁判では、裁判所は、刑罰の種類を選択し、その刑の量を決定します。

これに対して、少年審判では、少年に最適な処分ができるように、検察官送致をして刑罰が科される場合のほか、不処分、保護処分（保護観察、児童自立支援施設等送致、少年院送致）、児童福祉機関送致と、手続の選択を含む処遇の選択を幅広く行うことができます。また、保護処分を課す場合は、少年院などの種類の選択も行います。さらに、少年には可塑性があり、将来を見通して行う処遇の選択には、調査・審判を経ても困難な場合も考えられますので、試験観察、補導委託という特則も認められています。

試験観察

「試験観察」は、これまで説明してきた少年に対する社会調査・少年審判を経ても、少年の要保護性を見定めて処遇の選択をするにはなお検討が必要だと思われる場合に、調査官に一定期間（三、四か月程度）、少年の行動を観察させる制度です。この制度も可塑性のある少年の問題性をできるだけ正確に把握して、最適な処分・措置によって少年を立ち直らせるという保護・教育主義の表れといえるものです。

実際には、試験観察中、少年、保護者を家庭裁判所に定期的に出頭させて、調査官が継続的に面接をするほか、調査官が少年に毎日、日記をつけさせたり、作文を書かせるなどの課題を与えたり、心理テストを行うなどして、直接観察すること、少年友の会、学生ボランティアなどの協力、援助を得て活動を行わせたり、交通非行や薬物非行などで行われる集団的な講習に参加させるなど種々の活動を行わせて、その観察をしています。

このように試験観察では、最終処分が留保された心理的な緊張感がある状況の下で、調査官によって、少年の対応を見極めるための働きかけが行われます。このため試験観察は、少年の調査に役立つだけではなく、少年の反省・自覚を深め、改善更生に役立つ機能も実質的に果たしています。試験観察によって少年の問題性が軽減され、不処分で終らせることができた事例も珍しくありません。私も、少年院に送るか保護観察にするかを、最後まで迷って試験観察にした少年が、調査官との相性が合い、調査官の熱心な助言・指導、適切な観察などをきっかけに心を入れ替えて頑張り始め、数か月後に見違えるようになって保護観察や不処分とした経験も何回かあります。

このような実態から、旧少年法では、試験観察の前身といえる少年保護司による観察も保護処分の一つとされていました。もっとも、試験観察は担当する調査官の負担が大きく、少年の意欲や調査官と少年の相性が合うことが前提とされるもので、必要と思う場合にすべて実施できるものではありません。試験観察に付される比率は、徐々に下がり、近時は数%に止まっており、二〇一九年度(令和元年度)の交通関係事件(道路交通法違反、過失運転致死傷(交通事故)事件等)以外の一般事件では一〇四二件、五・三%でした。より積極的な試験観察の活用とともに、それを可能とするだけの調査官の増員などが望まれるところです。

補導委託

家庭裁判所は、試験観察とあわせて、必要に応じて、少年を、適当な施設、団体、個人に委託することもできます。この委託を「補導委託」といいますが、民間の篤志家などの社会資源を少年の調査、立ち直りのために活用する制度です。少年を補導委託先に宿泊・居住させて実施する身柄付補導委託と、少年の居住環境を変えずに、在宅のまま補導だけ委託する在宅補導委託があります。従来の補導委託では、一般事件の少年を個々に篤志家の作業場等に住み込ませて委託する身柄付補導委託や、交通関係事件で問題点に共通性がある少年たちを自動車教習所、自動車学校などに集団で委託する場合などが多かったのです。しかし、近時の補導委託では、集団活動に適する少年らを、少年友の会や学生ボランティアなどの協力も得て、特別養護老人ホーム、障害者施設等に短期間、宿泊あるいは通所させて、介護・介助の補助などの活動をさせるもの、民間の宿泊施設等に短期の合宿をして、自然観察、創作活動、グループワークなどプログラムに従った集団生活をさせるものなども行われています。補導委託は少年に対する教育改善効果が高く、実質的に有効な処遇として機能します。補導委託では、少年の問題点が明らかにされるだけではなく、委託主個人の人格的感銘力、熱意などに感化されて立ち直る少年も珍しくないからです。このため、旧少年法では保護処分の一つとされていました。

補導委託は、このように、有効性の高い処遇としても機能するものですが、うまくいくためには、少年と補導委託先との相性、少年の適性を見極めた適切な選別が肝要となります。二〇一九年度(令和元年度)の一般事件の身柄付補導委託は二〇四件(試験観察の一九・六％)行われています。

補導委託先には、少年の委託によって生じる実費は支給されますが、委託先となる篤志家の負担・努力にほとんど依存するものです。このため、委託先の後継者不足、先細りがかねてから懸案とされています。非行少年の実情の変化に対応できる適切な委託先の開拓、その維持が求められていますし、委託中に少年が起こす事故・損失などへの補償が十分できないことなども以前から課題と指摘されています。このような問題点の改善が図られ、より積極的な活用が望まれるところです。

処遇勧告

このほか、家庭裁判所は、保護処分決定をした場合に、必要があるときには、少年の処遇に関して、処分を執行する機関(保護観察所、少年院)に勧告(処遇勧告)をすることができます。処遇勧告は、後で触れるように少年院送致や保護観察では、実質的な処分の区分を決定する役割も果たしています。

動向視察等

保護処分や補導委託は一定の期間継続する処分・措置ですので、それがうまくいっているか、うまくいかない場合の問題点を把握することは、適切な処遇決定のために必要かつ有用です。そこで、少年に対し保護処分や補導委託の決定をした家庭裁判所は、保護観察所、少年院や補導委託先などに対して、少年に関する報告を求めることができます。また、少年に対する保護処分の決定をした家庭裁判所は、少年の様子に関心を持ち、その成績の視察等が義務づけられており、裁判官や調査官が少年院などを訪問して、少年の動向を視察することもできます(これを動向視察といいます)。実際に、審判をして保護処分とした少年のその後の状況を、少年院などを訪問して、面談し、施設の状況とともに視察すること、少年が収容される施設等の実情を正確に把握しておくことは、その少年の立ち直りへの励ましになることもありますし、その後、他の少年の処遇の選択をする場合にも役立つからです。

これらの制度も最適な処分が行われるための特則です。

不処分

既に触れたように、社会調査の過程で少年に対しては調査官による教育的措置が行われていますが、少年審判が開かれると、裁判官によって、少年への説諭、訓戒、助言・指導等の教育的措置が行われます。これらの教育的措置の効果が上がり、少年の再犯防止、改善更生のためにそれ以上の処分・措置の必要まではないと認められる場合には、それ以上の処分をせずに事件を終らせる不処分決定が行われます。既に触れたように、不処分には、非行事実が認められない無罪に相当する場合もごく僅かですがあります。しかし、不処分のほとんどは、非行事実を認めたうえ、教育的措置の効果を考えて行われるものです。不処分となるものの中には、先ほど触れた試験観察・補導委託を経ている場合もあります。不処分の際の教育的措置に効果が期待できることは、先ほど述べた裁判官の訓戒等が旧少年法では保護処分、ドイツでは教育処分とされていることからもうかがえるところです。

不処分のこのような実態から考えると、「不処分」という呼び名は、誤解を招きかねないもので再検討の余地があると思います。

要するに、不処分とされた少年事件についても、少年、保護者に対して、調査官、裁判官による再犯防止や少年の立ち直りのための教育的措置がとられており、単に放任されるものではないことが、おわかりいただけたかと思います。

五　保護処分の特則

既に触れたように、刑事裁判では、有罪となれば、被告人に対して死刑、懲役・禁錮、罰金、拘留、科料の中から刑の種類と量を決めます。この手続は量刑と呼ばれます。正式に起訴されて有罪となった場合は、極めて重い事件では、死刑、無期懲役刑、過失運転致死傷(交通事故)では禁錮刑となる事例もみられますが、それ以外のほとんどの事件には懲役刑が科されています。そこで、実務上は刑の執行猶予を付すかどうか、刑の期間をどの程度にするかが問題となります。

これに対して、少年審判で非行事実が認められた場合、少年に対する主な処分は、刑罰とは異なる保護処分となります。保護処分は、旧少年法では九種類ありましたが、現在では、①保護観察、②児童自立支援施設等送致、③少年院送致の三種に限定されました。もっとも運用上①と③は更に細分化されています。

なお、旧少年法の保護処分のうち、訓戒、誓約書徴取、条件付保護者引渡は、既に触れた「教育的措置」、少年保護司による観察は「試験観察」、保護団体等への委託は「補導委託」などとして実質的には引き継がれています。

現在の三種類の保護処分について補足して説明します。

保護観察

保護観察は、その対象者に遵守事項を定めてこれを守るように指導監督するとともに、必要な支援、補導援護を行うものです。その特徴は、対象者の身柄を拘束せず、その居住環境を変えないまま公的機関が指導などを行う在宅処分だということです。施設に収容する少年院送致などの施設内処遇に対して保護観察は「社会内処遇」と呼ばれています。

保護観察は、地方裁判所、家庭裁判所に対応して設けられている法務省所管の保護観察所が担当しますが、各地区の保護観察官と保護司が対象者に接して実施しています。保護観察官は、教育学、心理学、社会学等の専門的知識のある法務省の職員で全国に約一〇〇〇人います。保護司は、民間の篤志家に法務大臣が委嘱する非常勤・無給の国家公務員で、全国九〇〇の保護区に合計約四万八〇〇〇人いますが、約八割が六〇歳以上という高齢化と一部の欠員の補充がかねてからの課題とされています。保護観察官が事件数に比して少ないので、保護司が保護観察対象者との対応の中心となっています。保護観察官は、保護観察への導入、対象者の調査・診断・処遇計画の設定、経過に応じた面接指導、保護司への助言・支援等などを行っています。

保護観察には、ここで説明する保護処分としての保護観察のほかに、少年院を仮退院した者、刑務所から仮釈放された者、保護観察付執行猶予の者などを対象としたものもあり、それぞれに差異があります。第四章で触れますが、諸外国では、保護観察などの社会内処遇は成人に対するものも含めて、多様なものが設けられて積極的に活用されています。しかし、我が国では、成人に対しては、保護観察付執行猶予と仮釈放中の保護観察だけであり、独立した処分としての保護観察は設けられていません。今後、改善を検討すべき点だと指摘されているところです。

ここでは、少年に対する保護処分としての保護観察について説明します。

少年の一般遵守事項と特別遵守事項

既に触れたように、保護観察に付された少年には遵守事項が定められます。しかし、その内容が成人とは異なっています。まず、一般遵守事項として、健全な生活態度を保持すること、面接を受け、生活状況など事実を申告し誠実に保護観察を受けること、住居を届け出、定まった住居に住み、転居や旅行の許可を受けることが法律に定められています。少年には、この一般遵守事項を具体化する特別遵守事項として、不良交友の禁止、特定場所への出入禁止、浪費等の禁止、就労・就学の継続などが、家庭裁判所の意見に基づいて定められます。さらに、必要に応じて、生活行動指針として、粗暴な言動をしないこと、被害弁償に誠意を尽くすことなどが定められます。これらを遵守するように、少年に対して、保護観察官、保護司による指導監督が保護観察の期間中行われます。

不良措置・補導援護

保護観察に付された少年の中には、保護観察を軽視したり、無視したり、保護司等の指導に従わない者もいます。そこで、少年が保護観察中に再び犯罪・非行を犯したり、遵守事項に違反した場合には、保護観察所長が少年に警告をすることができます。保護観察所長の警告を受けても、遵守事項違反が改まらず、その違反の程度が重い場合には、少年院等の施設に収容するように、保護観察所長が家庭裁判所に申請すること（施設送致申請）が、不良措置として認められています。

保護処分の保護観察には、当初は、不良措置はありませんでしたが、保護観察の実効性を担保するため、二〇〇七年（平成一九年）の改正によって導入されたものです。

保護観察では、指導監督のほかに、少年の生活の基盤となる衣食住を確保するための支援・援助を行うことによって、少年の再犯の防止を図る措置も行われます。この措置を補導援護といいますが、補導援護としては、保護観察に付された者に、住居の確保、就職等のための助言や援助も行っています。なお、保護観察所は、生活困窮者に対しては社会福祉機関とも連携して対応しています。

保護処分としての保護観察は、少年事件全体の約四分の一、保護処分に付される事件の八割近くを占めるほど活用されている処分で、二〇一九年度（令和元年度）には一万一七九八人（うち一般事件五九〇二人）で全事件の二八・六%、一般事件の三〇・一%、保護処分に付される全事件の八六・五%（一般事件七七・三%）を占めています。このため、その内容の充実強化が非行少年に対して非常に重要なものとなるわけです。

保護観察の期間

少年に対する保護観察は、法務省の通達等により、運用上、①家庭裁判所の処遇勧告を受けて、六～七か月程度の期間実施される一般短期保護観察と②交通関係事件について三～四か月で交通講習に参加させる交通短期保護観察が行われています。このほか、同じく通達等に基づいて、③交通事件の指導を中心とする交通保護観察、④それ以外の一般保護観察が実施されています。また、少年の特性に応じた薬物乱用防止、暴力防止等の専門的処遇プログラム、公共の場所の清掃、福祉施設での介助の補助などの社会貢献活動への参加、陶芸教室、農作業、スポーツなどへの社会参加活動の実施、処遇困難な少年に対する保護観察官の直接担当などの工夫も行われています。

保護観察の期間は、少年が二〇歳になるまで（一九歳の末日まで）が原則ですが、それでは二年に満たない場合は二年間となります。

児童自立支援施設・児童養護施設送致

この処分は、いずれも児童福祉施設を非行少年の保護処分に活用するものです。

児童自立支援施設は、不良行為をする児童、そのおそれがある児童、あるいは、家庭環境などから生活指導を必要とする一八歳未満の児童を入所させる施設です。児童自立支援施設は、旧少年法時代の感化院に始まり、戦後、児童福祉法の下では教護院と呼ばれてきましたが、一九九七年(平成九年)の改正で児童自立支援施設と改称されました。児童自立支援施設では、一戸建ての施設に、父母の役割を果たす夫婦の職員と十人前後の児童が一緒に生活して、児童は施設内の学校に通って教育を受け、家庭的な雰囲気の下でその育て直しを図る処遇が目指されてきました。しかし、予算の制約や職員の負担が重いことなどから、数十人単位の寮舎として交代制で泊まり込んで勤務する職員の下で生活指導を受けるという施設(大舎制・中舎制)が増えてきています。また、入所者には、非行少年よりも、虐待を受けている児童などが多くなっています。なお、児童自立支援施設のほとんどは、都道府県の所管、運営ですので、各県等の財政状況や取り組み方によって地域ごとの差異が相当にあります。

児童養護施設は、孤児院、養護施設を引き継いだ施設で、保護者のない児童、虐待されている児童、その他、生活環境から養護を要する児童を入所させる児童福祉施設で、児童指導員が入所児童の生活指導を行っています。

少年の保護処分としては、本人の問題性よりも、生活環境の問題点が大きい少年が対象とされますので、児童自立支援施設等が保護処分として活用されている事例は、非常に少ない状況で、二〇一九年度(令和元年度)では一三七人で全件の〇・三％、一般事件の〇・七％です。

少年院送致

少年院は、法務省所管の少年のための矯正施設で、少年を収容して以下に述べるような矯正教育を施しているものです。少年の特性に応じて、初等少年院、中等少年院、特別少年院、医療少年院という種別が設けられていましたが、二〇一四年(平成二六年)の少年院法改正によって以下の四種類の少年院に改編されました。少年院送致は、最も強力な保護処分であり、必要性の高い事件に課されるため、毎年数％程度です。二〇一九年度(令和元年度)では、一七三九人(うち一般事件一五九九人)で全件の四・二％、一般事件の八・二％でした。

第一種少年院は、第二種・第三種の対象とならない、おおむね一二歳以上の少年を収容する施設です。二〇一四年(平成二六年)の改正前は、初等少年院(一六歳未満)と中等少年院(一六歳以上)に分けられていましたが、この二つの対象少年の差異は年齢だけですので、第一種少年院に統合・再編されました。

第二種少年院は、犯罪的な傾向の進んだおおむね一六歳以上の少年を収容するもので、特別少年院とされていたものです。しかし、特別少年院は、非行少年の間で「特少」などと呼ばれて負のイメージが強かったので、法改正の際に、このように名称が変更されました。

第三種少年院は、外傷や心身の病気・障害等で治療が必要な少年、集団による処遇ができない少年を収容する施設で医療少年院と呼ばれていたものです。法改正により、第三種に改称されました。

第四種少年院は、懲役・禁錮刑の執行を受ける一六歳未満の少年を収容する施設です。改正前は受刑中の少年は、特別少年院に収容されることとされていましたが、法改正で独立の少年院の種別として改編されたものです。

これらの少年院の種別の選択は重要なものであるので、家庭裁判所が少年院送致決定の中で指定することになっています。

少年院での矯正教育の内容

少年院は、少年を強制的に収容することが原則とされ、施設内の秩序、規律、保安の維持が必要かつ重要となります。しかし、少年院は、少年を制裁・懲罰のために拘禁するのではなく、少年に対する系統的・集中的な教育によって、少年の犯罪的な傾向を矯正し、健全な心身を培い、社会生活に適応するのに必要な知識、能力を習得させることを目指している矯正教育のための施設とされています。

少年院での矯正教育の内容には、①生活指導、②職業指導、③教科指導、④体育指導、⑤特別活動指導があります。それぞれの内容を補足しておきます。

①の生活指導は、日常的な生活の仕方、対人関係のあり方など、社会の一員として自立した生活を営むための基礎となる生活知識および態度を身につけさせるものです。実際には、㋐基本的生活訓練、㋑問題行動指導、㋒治療的指導、㋓被害者心情理解指導、㋔保護関係調整指導、㋕進路指導について、全体講義、面接指導、作文指導、日記指導、グループワーク（教官が司会して在院者同士での話し合いを行う等）などの方法で行われています。

少年院に送られるような少年たちは、昼夜が逆転し、食事も不規則など、乱れた生活を送って来た者が多いので、㋐は、日課どおり、起床から就寝まで、早寝早起きし三食をきちんととる規則正しい、当たり前の生活を他の在院者とともにきちんと送らせて、基本的な生活習慣を身につけさせるものです。さらに、在院者の抱える問題に即応して、被害者の視点を取り入れた教育、薬物非行防止指導、性非行防止指導、暴力防止指導、家族関係指導、交友関係指導が行われています。最近では心身に色々な障害を抱え、発達上の課題・困難のある少年も多いので、非行少年が理解しやすく、実践できるような支援のための教育も行っています。また、女子少年については、女子に共通する処遇の必要性に応じた処遇プログラムが行われています。

②の職業指導は、職業の訓練をし、勤労意欲を高め、職業生活に必要な知識・技能を習得させるために必要な指導を行うものです。実施されている種目として、電気工事、自動車整備、給排水設備、情報処理、介護福祉、溶接、土木・建築、クリーニング、農園芸、伝統工芸、手芸、陶芸、木工等があります。各指導においては、職業能力の開発、職業生活を送る知識・技能の習得のほか、情緒の安定、職業の選択能力に加えて職場への適応能力の習得などを目指しています。在院者に対しては、各種の資格取得講座を実施しており、溶接、土木・建築、情報処理の資格・免許の取得、小型車両系建設機械運転、フォークリフト運転、危険物取扱者等の資格・免許の取得などに力を入れています(二〇一九年度(令和元年度)の延べ取得者は、前者一七九五人、後者が二〇九〇人)。国家資格等の取得は、職業に役立つだけではありません。これまで頑張って成果を上げた経験に乏しく、人から褒められたことも少なかった非行少年たち、「どうせ俺なんか……」と思い込んでいる少年たちに対して、その努力が報われる、正当に評価されることを認識させ、「やればできる」と自信を持たせ、「俺も捨てたもんじゃない、頑張ろう」と立ち直る意欲を呼び起こすことにも非常に有効です。

③の教科指導は、義務教育、その補習、高校教育などを行い、円滑な社会復帰のために必要

となる人並みの学力を身につけさせるための指導です。義務教育が終っていない在院者はもちろん、社会生活の基礎となる学力を欠いている者には、小学校、中学校の学習指導要領に準拠して補習的な指導を行っています。また、高校への編入、復学、大学等への進学、就労等のためより高度の学力を付ける必要のある者には、その学力に応じた教科指導も行っています。法務教官が少年らの個々の学力・能力に応じて、きめ細かい指導を行っていますが、新しい分野や先端のものなどは、教員の派遣も受けて実施しています。

学力の取得・向上は、少年の社会生活上有益な知識が身に付くだけではありません。先に述べた資格取得と共通しますが、非行少年たちには、不登校も多く、登校してもまともに勉強していない者、学校でも放任、疎外されていた者が少なくありません。そんな少年らが努力して勉強することによって、新しいことを知る、わからないことがわかるようになる、解けない問題が解けるようになる、漢字を覚えて読書の楽しみ、知識を得る喜び、学ぶ意味を知るなどして、自信を回復し、やる気を起こすことにもつながります。さらに、在院少年たちが、真正面から向き合い、親身に熱心に指導してくれる教官たちと接することによって、少年たちの先生や大人に対する「信用できない」などの負のイメージが良く変わることも少なくありません。

④の体育指導は、社会生活に必要な健全な心身を培うための指導で、サッカー、バレーボー

ル、バスケットボールなどを行っています。体育指導は体力・気力・技能の向上だけではなく、協調性に欠け、他人のことを考えないような非行少年たちにチームプレーなどによって、ルールを守る必要性や協調性を育む効果も期待されています。

⑤の特別活動指導は、在院者の情操を豊かにして、自主、自律、協同の精神を養うことを目指して行われるものです。社会貢献活動、野外活動、運動競技(運動会)、音楽、演劇(学芸会)、退所式等の各種行事、クラブ活動など、各少年院の地域特性も生かしたもの、たとえば、カッター(ボート)訓練、温泉カウンセリング、捨て犬を引き受けて訓練しその殺処分防止に協力する活動なども行っています。社会貢献活動は、公共施設の清掃作業など社会に有用な活動を通じて、社会性の向上などを図ることを目的としています。

少年院では、各少年に対して、それぞれ担任となる法務教官が定められ、①から⑤の各分野を担当する法務教官・指導員らとともに、少年個々の問題性に即した個人別の処遇計画が立てられます。そして、それに沿って密度の濃い教育が実施されていきます。法務教官は、大学等で心理学、教育学等を学んでおり、教員免許を持っている者も多数います。

少年院の収容期間

少年院の収容の期間は、不定期ですが、これから述べる標準的な期間を設けて処遇が行われており、収容の上限は二〇歳に達するまで(一九歳の末日まで)が原則です。もっとも、家庭裁判所の審判によって、収容を続ける必要性が認められれば、第一種、第二種少年院には二三歳に達するまで、第三種少年院では二六歳に達するまで少年の収容期間を延ばす収容継続決定をすることが認められています。

また、少年院の収容期間については、二年以内で、一一～一二か月が標準とされています。しかし、家庭裁判所の処遇勧告と法務省の通達によって、六か月以内(短期間)と四か月以内(特別短期間)の短期処遇が行われています。また、家庭裁判所の処遇勧告に応じて、一一か月より短い期間の処遇から二年を超える長期間の処遇も実施されています。

少年院も刑務所(刑事施設)も、犯罪者を収容し、矯正教育等によって、その再犯を防止し、社会復帰を目指すという点では共通しています。このため、大差はないと思われる方もおられるかもしれません。

しかし、刑務所は、刑罰の執行をする施設ですので、応報、制裁の要素が強いこと、凶悪な犯罪者や累犯者も多いため、保安、規律維持の必要性が高いこと、受刑者に対して刑務官の比率が少年院よりも相当低いこと、刑務官には心理学や教育学の専門性などは要求されていないこと、受刑者には社会調査のような性格・犯罪原因等の詳しい調査・分析は行われていないことなどから、少年院の実情とは、大きく異なっています。

刑務所と少年院の双方を実際に見学して比べていただくのが一番ですが、刑務所の受刑者と少年院の在院者では、表情や目付きから相当に違います。また、これから述べるように少年院の方が甘いということもありません。

刑務所の受刑者にも、問題点の改善を目指す各種のプログラムの受講なども行われていますが、懲役刑には作業義務が課されているので刑務作業が主たる活動となり、プログラムの受講などは余暇時間等に従的に行われるものです。受刑者は、基本的には、刑務所内の規律に違反せず、課された作業を真面目にこなせば、それでよいというのが実情です。これは、自律した大人に対する処分という考え方に基づく運用です(もっとも、今回の少年法改正と共に、自由刑の改革も検討され、プログラム実施などを充実させる法改正も予定されています)。

これに対して、少年院の在院者は、既に触れたように、少年ごとに付く担任教官(受け持ち数人)の下で、自分の問題点をみつめ、その改善に真摯に取り組み、改善更生、社会復帰の見通しがある程度つくまで、徹底した矯正教育を受けなければなりません。既に触れたように、社会調査等で明らかにされている少年の知能、性格等の問題点も参考として、教育的な専門性をもつ法務教官が、少年に対して、収容期間を通じて、密度の濃い個別指導を行っています。したがって、少年院在院者は、表面的な反省ではすまされず、その内面に立ち入った指導を密度濃く受けて、徹底した内省、自己改善が求められます。このように少年院の処遇は、少年の立ち直り、社会復帰を目指した少年のための教育的なもので、温かくも厳しく、決して甘い扱いがされているわけではありません。

六　少年に対する科刑の特則

成人の場合、既に触れたように、検察官が犯罪の嫌疑の程度、処罰の必要性などを考慮して起訴・不起訴を決定し、刑事裁判で有罪とされれば刑罰が科されます。主な刑罰は、死刑、無期懲役、懲役、禁錮、罰金です。ただし、懲役三年以下の刑には五年以内の期間、その執行を猶予すること(刑の執行猶予)ができます。この執行猶予が付された場合には、執行猶予期間中に再犯がなければ刑の執行を受けなくて済みます。

これに対して、少年に対する刑罰には、その手続・処分に以下の特則が設けられています。特則について補足しておきます。

起訴手続の特則——検察官送致(逆送)・起訴強制

少年に対して刑罰を科すには、家庭裁判所による検察官送致決定が必要とされていますので、刑罰を科すことも家庭裁判所が決めているわけです。この決定は事件を送ってくる検察官に送り返すものですので「逆送」とも呼ばれます。逆送決定を受けた検察官は、犯罪の嫌疑が認められる場合には、起訴猶予とすることは認められず、起訴することが義務づけられます。これを起訴強制の制度といいます。もっとも、検察官は、簡易裁判所の書面審理で罰金等にする略式命令請求とするか、正式起訴(公判請求)とするかの選択をすることはできます。実際にも、軽微な道路交通法違反事件などでは、家庭裁判所が罰金となることを見込んで逆送して、ほとんど罰金とされています。

この逆送、起訴強制の制度は、少年を刑罰、刑事手続で扱うかどうかの選択についても家庭裁判所の専門的な判断を生かす趣旨のものです。

刑事公判手続の特則

逆送されて正式起訴された後、刑事裁判の審理(刑事公判)が行われます。そこでの少年に対する手続上の特則としては、他の被告人との取扱いの分離が求められているだけです。しかし、少年法の基本原則である少年に対する健全育成の趣旨、情操保護への配慮、科学調査の結果の活用は、刑事手続全般にも及ぼされていますので、運用上の配慮も行われています。あとで触れますが、私は、少年の刑事手続にも、少年法の基本原則を具体化する特則が必要であり、法改正も検討すべき点だと思っています。

家庭裁判所への移送(五五条移送)

少年である被告人に対する刑事裁判における処分の特則として、家庭裁判所への移送が認められています。これは、刑事事件担当の裁判所が、刑事裁判の審理をした結果、その少年に対しては、刑罰よりも保護処分の方が相当であると認める場合には、家庭裁判所に事件を移送することができるというものです。少年法五五条に規定されていることから、「五五条移送」とも呼ばれています。

五五条移送は、異論もありますが、事件の罪名や犯罪事実の認定が軽い方に変わる場合や、被害感情が和らいだ場合など、逆送された時と事情に大きな変化が生じた場合に、教育可能性の高い少年に対して、より有効性の高い少年法上の保護処分とする余地を認めて、少年の立ち直りを図る制度です。ただし、重大凶悪事件については、刑罰を科さずに保護処分とすることが、被害感情や社会の正義感情から許容されること(保護処分許容性)が必要だというのが、判例・実務の考え方です。

この考え方は、既に触れたように、少年法が少年の教育・保護だけでなく、犯罪対策の機能も担っているという理解の表れだと思われます。

七　少年に対する刑事処分の特則

死刑・無期刑の特則

犯行時一八歳未満であった者には、死刑を科すことはできません。また、成人なら無期懲役を科すことになる場合にも裁量的に減軽できるという特則が設けられています。児童の権利に関する条約(子どもの権利条約)でも犯行時一八歳未満の者に対する死刑は禁止されていますので、これに沿う特則といえます。

この一八歳未満を理由として無期懲役を減軽した場合には、一〇年から二〇年の間の定期の懲役刑が科されることになります。この無期刑を減軽した刑の上限は、一五年でしたが、二〇〇四年(平成一六年)の刑法改正で成人の無期刑を減軽した刑が一五年から三〇年に引き上げられたことに対応して、二〇一四年(平成二六年)の少年法改正で二〇年にまで引き上げられたものです。

不定期刑

成人に対しては、懲役刑・禁錮刑は、定期刑(たとえば懲役二年)となり、懲役二年の場合、二年が刑の期間となります。これに対して、少年に対する懲役・禁錮刑は、執行猶予を付けない場合には、その長期と短期を定める不定期刑(たとえば、懲役一年以上三年以下)となるという特則が定められています。この場合には一年から三年の間の期間の受刑となります。成人でも受刑の状況(成績)が良ければ早めに仮釈放となることはありますす。しかし、少年の場合は、刑の期間自体を、その受刑の成績に応じて一年から三年の間で調整することが可能とされているのです。これは、少年の教育可能性・改善可能性の高さに着目して、刑期の幅を広くして刑の執行に弾力性を持たせて、改善意欲を起こさせ、その処遇の効果を高めようとするものです。

不定期刑の上限は、長期が一五年、短期が一〇年とされていますので、一〇年以上一五年以下の懲役が最高刑となります。従前は、不定期刑の短期は五年、長期は一〇年が上限、最高刑が五年以上一〇年以下の懲役とされていました。しかし、成人の懲役・禁錮刑の上限が一五年から二〇年、加重した上限の二〇年が三〇年に、二〇〇四年(平成一六年)の刑法改正で引き上げられたこと、少年の重大事件の裁判員裁判で五年以上一〇年以下という刑の幅では適切な量刑が困難だと指摘されたことなどが考慮されて、二〇一四年(平成二六年)の少年法改正で引き上げられました。

仮釈放の特則

刑務所で懲役刑・禁錮刑を受けている者を刑期の満了前に、仮に刑務所から釈放して保護観察に付して、社会の中での立ち直りを図るのが仮釈放の制度です。たとえば、懲役三年の刑を二年受けたところで仮釈放を許されますと、その受刑者は残りの一年を保護観察の下で過ごし、無事に社会生活を送れれば刑は終了します。しかし、一年の間に再犯や保護観察の重大な条件違反があれば、仮釈放を取り消して刑務所に戻されて一年刑務所で受刑することになります。成人に対する仮釈放は、無期刑は一〇年、有期刑はその刑期の三分の一を経過したときから許すことができます。

これに対して、少年のときに刑を受けた者に対する仮釈放は、無期刑は七年から、不定期刑を受けた者はその短期刑の三分の一を経過したときから許すことができると、大幅に仮釈放までの期間が短縮されています。もっとも、成人の仮釈放は刑の八割程度の期間経過、少年の仮釈放は長期刑の期間を基準として、それぞれ許可が検討されていますので、実際には特則のような早期の仮釈放の許可は実施されていません。

仮釈放の終了時期は、既に触れたように、成人では、仮釈放の時の残りの刑の期間を経過したときになります。

これに対して、少年のとき刑を受けた者は、仮釈放前に受けた刑の期間と同一の期間を経過したときには残りの刑期が満了していなくても刑の終了になるなどの期間短縮の特則があり、早期に仮釈放されると刑の終了も大幅に早くなります。

いずれも少年の改善・更生の可能性の高さに着目して、より早期の社会復帰を可能としている特則です。

刑の執行の特則

懲役・禁錮刑の執行にも少年に対する取扱い分離の原則が適用されます。このため、少年は、成人とは区画された場所（少年刑務所）で刑が執行されます。また、一六歳未満の少年の刑は、既に触れた第四種少年院で執行されるという特則が設けられています。

また、罰金を完納できない場合、成人は、一定の金額、たとえば、一日を五〇〇〇円に換算して未納分に相当する日数、労役場に留置されて作業を行わなければなりません。

しかし、少年には、この労役場留置（換刑留置）は認められません。少年は自分の資産も資力もない場合が多いこと、教育を目的としない短期の自由拘束は、少年の年少さなどから情操への悪影響が大きいことや他の犯罪者からの悪影響（悪風感染）を防止するための特則です。諸外国でも、同じ趣旨から、少年に対する換刑留置は認められていません。

八　推知報道の禁止——非公表の原則

犯罪者を特定した報道などがなされますと、本人はもちろん近親者などにも激しいバッシングが生じ、社会的な偏見も醸成されてしまいます。その結果、本人の社会復帰、立ち直りの妨げとなる場合が多いということは成人にもいえることです。しかし、少年は、成人よりも、傷つきやすく、また、教育可能性が高く、将来性がありますので、成人以上に実名報道などの弊害が大きいのです。このような弊害を防ぐため、既に説明した非公開の原則、秘密保持の厳守に加えて、推知報道の禁止が認められています。

推知報道の禁止は、少年法では、少年審判に付された少年、少年のときに犯した犯罪で起訴された者について、氏名、年齢、職業、住居、容ぼう等によって本人であることを推知することができるような記事等の掲載禁止が規定されています。しかし、その趣旨は、先ほどの弊害を防ぐため、少年や家族のプライバシーを守り、少年の立ち直りの障害となるような報道、出版等を規制するものです。そうだとすると、少年に対する捜査の段階、刑の終了後にも推知報道の禁止は適用されるべきで、実務上もそのように扱われています。

また、この報道、公表の禁止は、時代の変化に合わせて実効的に行われなければ意味がありません。今日では、新聞、雑誌、公刊物への掲載、放送での発信に加えて、インターネット、SNSなど、広く知らせる多様な媒体による公表が行われますので、これらのすべてに広く推知報道の禁止が及ぶものと考えられています。

旧少年法では推知報道禁止の違反(出版物掲載禁止)には罰則が規定されていましたし、フランスなど重い罰則を定める国もあります。しかし、現行少年法では、憲法の報道の自由、表現の自由の保障に配慮して、推知報道禁止の違反への罰則は設けられていません。このため、少年の推知報道禁止は、報道機関の自主規制に期待するところが大きいことになっています。もっとも、推知報道の禁止に違反して公表・報道などをした場合には、名誉毀損罪に当たって処罰される場合、民事上の損害賠償が認められる場合も、十分あり得ることとなります。

九　資格制限の緩和

成人が刑罰を受けると、一定期間、公職や一定の業務に就けないという資格制限が設けられています。この資格制限には犯罪者への制裁や再犯防止のためにある程度の有効性や合理性があるといえます。成人の場合、刑の執行を受けると、禁錮刑以上の場合には一〇年間、罰金以下の刑の場合は五年間、資格制限を受けます。しかし、資格制限には、犯罪者の立ち直りや社会復帰の障害となってしまうという弊害を生じさせる面があることも否定できません。

そこで、少年の教育可能性、可塑性の高さに着目して、少年のときに犯した罪で刑を受けた者は、その刑の執行が終れば、その時点で直ちに資格制限を受けないこととされています。また、その刑に執行猶予が付された場合には、その執行猶予期間中は、資格制限を受けず、その後、執行猶予が取り消された場合に、その取消時から資格制限を受けることとなるものとされています。このため、少年のときの犯罪で執行猶予付の懲役刑を受けた者は、資格制限を受けないので、法的には、公務員等になることも可能となります。いずれも、少年に対しては、教育可能性、改善可能性の高さに着目し、資格制限を大幅に緩和する特則を設けたものです。

このように少年には種々の特則が認められていますが、少年犯罪、非行の動向とそれに対する処分の実情を次章でみていくこととします。

第三章　少年犯罪・非行の現状

一　犯罪全般の状況

我が国の少年犯罪・非行について、少年事件が増加したり、凶悪化していると思われている読者もおられるのではないでしょうか。

しかし、実際は、そうではないのです。これを犯罪白書、司法統計年報、検察統計年報などの公的統計データで確認しておくこととします。公的統計データの信頼性についての疑問ももちろん指摘されています。しかし、我が国の犯罪関係の統計は、数十年以上、ほぼ同じ基準での集計が続けて行われています。そこで、我が国の公的な犯罪統計は、犯罪現象の全体的な傾向、動向をみるには十分有用なものだと思われます。

認知件数、検挙件数、発生率等

犯罪の統計を検討するのに、役に立つ概念として、認知件数、検挙件数、発生率（人口比）があります。

認知件数は、警察がその発生を認知した犯罪事件の数です。犯罪の本当の数（実数）を把握するには、発覚しない事件、届け出ない事件など、公的に認知されていない事件数(暗数)を加える必要があります。そうは言っても、発覚しない事件を数えることはできません。届け出のない事件数については、アメリカ、イギリス等では以前から実証的な研究が行われています。我が国でも最近、研究が行われて、ある程度の傾向は指摘されていますが、まだ、十分にわかっているとまではいえません。そこで、一般市民の意識、社会状況などに大きな変化がない限り、暗数の比率は大きく変わらないという仮説に立って、認知件数の増減で犯罪の増減を考えて、現状を分析していきます。

検挙件数は、警察等が犯罪・犯人を特定できた件数です。

発生率は、犯罪をすることが可能な人口一〇万人あたりの認知件数のことです。犯罪を犯す比率が大きく変わらなければ、犯罪を犯す可能性のある人口の増減が、犯罪の増減と連動するはずです。そこで、分母となる人口の増減と分子である犯罪の増減とが相関しない場合には、何か別の原因が考えられますので、その原因の分析をする必要が生じます。このため、発生率の検討も重要になるのです。

なお、犯罪全体のうち、多数を占める交通関係事件(道路交通法違反、過失運転致死傷・交通事故)については、事件数の増減が激しいうえに、その増減は、交通反則制度(いわゆる交通切符)、交通取締の強弱、車両台数の増減など、別の要因に大きく左右されますので、一般的な犯罪の動向を検討するためには有用ではありません。このため、それ以外の犯罪(刑法犯)の数字での比較を行うのが一般的な検討の手法とされています。ここでもこの方法によって分析していきます。まず、成人も含めた犯罪全般の動向を確認したうえ、少年の犯罪・非行の動向をみていくことにします。

刑法犯の動向

戦後の刑法犯(過失運転致死傷等を除く)の動向を犯罪白書の統計からみてみますと、認知件数は、終戦直後(一九五〇年(昭和二五年)前後)の混乱期の約一六〇万件、高度成長期(一九七〇年(昭和四五年)前後)の一二八万件、二〇〇二年(平成一四年)前後の二八五万件という三つのピークがあります。そして、認知件数は、それ以降、急激に減少して、近時は戦後最低を年々更新し続けています。

検挙件数も減少傾向にあり、二〇一九年(令和元年)の認知件数は七四万八五五九件(検挙人員一九万二六〇七人)にまで減っています。発生率も認知件数とほぼ同じ様に二〇〇二年(平成一四年)の二二三八・七から二〇一九年(令和元年)の五九三・三とここ十数年でも四分の一近くまで激減しています。

二　少年の犯罪・非行の動向

少年の刑法犯については、警察が犯罪を認知し、犯人が少年であることが確認されないとカウントできないため、認知件数ではなく、検挙人員に基づいて、その動向が検討されています。なお、ここでいう少年には一四歳未満の少年も含まれていますので、触法少年の触法行為も含まれて計上されています。

また、少年は、認知件数ではなく、検挙人員ですので、発生率ではなく少年人口一〇万人当たりの検挙人員を「少年人口比」として検討対象としています。

少年の犯罪・非行の動向には、先ほど触れた犯罪動向全般とは少しずれがあります。少年の刑法犯は、一九五一年(昭和二六年)の一六万六四三三人、一九六四年(昭和三九年)の二三万八八三〇人、一九八三年(昭和五八年)の三一万七四三八人をピークとする三つの波がありました。しかし、その後は、一九九六年(平成八年)〜一九九八年(平成一〇年)と二〇〇一年(平成一三年)〜二〇〇三年(平成一五年)に一時的な事件の増加がみられましたが、二〇〇四年(平成一六年)以降は急激に減少を続けています。特に、二〇一二年(平成二四年)以降は毎年戦後最少を更新している状況です。二〇一九年(令和元年)は二万六〇七六人で前年よりも一四・四%減少し、最高時の一二分の一以下に激減しているのです。

人口比についても、二〇一九年(令和元年)は、一三三・四で前年より一三・四%とほぼ同様に減少し、最も高かった一九八一年(昭和五六年)(一四三二・二)、二〇〇三年(平成一五年)(一二六五・四)から五分の一以下と大幅に減少しています。したがって、少子化による少年人口の減少(一四歳〜一九歳人口は二〇〇三年(平成一五年)約八二六万人から二〇一九年(令和元年)約六八八万人・約一七%減)を遥かに上回って少年の犯罪は減っていることがわかります。

検挙総人員中に少年が占める比率(少年比)は、犯罪全体の中での少年犯罪の比率として注目されるところです。この少年比も、一九八一年(昭和五六年)〜一九八三年(昭和五八年)、一九八五年(昭和六〇年)〜一九八九年(平成元年)には全体の半数を上回り、社会問題として大きく取り上げられましたが、以降減少に転じ、二〇一九年(令和元年)は一三・一%となっており、最多時(一九八九年(平成元年)、五七・四%)の四分の一以下まで激減しています。

少年犯罪の内訳

少年犯罪の中で多いのは、検察庁の新規受理人員の内訳でみると、窃盗(二六・七%)、道路交通法違反(二一・九%)、過失運転致死傷等(交通事故)(二〇・八%)、傷害・暴行(六・六%)、横領等(四・四%)、詐欺(二・二%)の順となっています(その他が、一七・四%)。「少年が横領？」と思われるかもしれませんが、このほとんどは、知能犯の横領ではなく、遺失物横領で、放置自転車を勝手に持ち去るような行為です。したがって、少年の犯罪は、交通事故以外は、万引きや自転車盗・持ち去りなど、それほど重大ではないものが大半を占めているのが実情です。もっとも、特殊詐欺の受け子などで詐欺が増えているのは気にかかるところです。

凶悪犯罪の動向

凶悪犯罪は、大きく報道されるので目立ちますが、実際には二〇一九年(令和元年)では、殺人〇・二%、強盗一%、放火〇・二%、強制性交〇・七%(合計二・一%)とごく少数なのです。しかも、三〇年前(一九八九年(平成元年))の殺人一一九人、強盗五九六人、放火二三二人、強制性交四五一人と比べても、二〇一九年(令和元年)は殺人五二人、強盗二七三人、放火六〇人、強制性交一八〇人と、殺人、強盗が二分の一以下、放火が四分の一強、強制性交が二・五分の一といずれも顕著に減少しているのです。

このように、統計的にみる限り、少年の犯罪・非行の増加・凶悪化という傾向は認められないどころか、顕著な減少傾向、特に凶悪事件の減り方が多いことがわかります。

一般市民との認識ギャップ

しかし、少年非行の増加・凶悪化という印象を抱いている一般市民が多いことが世論調査等で明らかにされています。そして、それが周知され、厳罰化論の前提とされて共通認識化しているような状況です。このような認識ギャップは、不安を感じた個人的な擬似体験の流布、週刊誌、テレビの報道・ワイドショー等による情報の強調・反復、それによる情報量の増幅、インターネット、ＳＮＳ等による刷込み現象などによって生じるものと指摘されています。ですが、このような現象は、諸外国でもみられるところなのです。私は、重大・凶悪犯罪の大幅な減少が、皮肉なことに、そのような事件の希少性を極立たせているため、逆に世間一般の注目や関心を高め、印象を強めているということも指摘できるのではないかと思っています。

もっとも、凶悪・重大事件は、減少しているとはいっても、先ほど紹介したように一定数起きており、それぞれの被害者、関係者には重大・深刻な被害が生じ、直接・間接に大きな悪影響を社会に及ぼしています。少年の重大・凶悪犯罪に対する適切な対策を揺るがせにすることができないことは当然のことです。そういう被害があることを銘記して対策を考えていかなければなりません。

次に、少年事件の処分状況を概観していきます。

三　処分・科刑の状況

少年法による少年の扱い、処分は甘いと言われることが少なくないですし、そう感じ、思われている読者もおられるのではないでしょうか。

少年院と刑務所の比較は既にお示ししましたが、ここでは、少年事件の処分の割合を、身柄拘束の割合、裁判官の関与する手続で処理される割合に注目して、刑事事件の成人に対するものと比較しながら全般的に概観してみることにします。

少年に対する処分

少年に対する処分は、第二章で説明したように、少年審判を開かずに事件を終らせる審判不開始、少年審判を開いたうえ、調査段階および審判期日における教育的指導により事件を終らせる不処分、審判における保護処分と、刑事処分を相当として事件を検察官に送り返す検察官送致、児童福祉機関に送る児童相談所長等送致と幅広いものがあります。

保護処分については、既に説明したように、少年を少年院に収容して集中的に指導を加える少年院送致、児童自立支援施設または児童養護施設に収容して施設内で育て直し、指導を加える児童自立支援施設または児童養護施設送致、在宅のまま保護観察官および保護司によって指導監督等を加える保護観察があります。なお、このほか、少年の処遇を児童相談所等福祉機関に委ねるのが相当な場合には児童相談所長等送致が行われます。

二〇一九年(令和元年)の司法統計年報4少年編第八表により、少年に対する終局決定の処分別の比率をみると、不処分が九七一九件(二三・四%)、審判不開始が一万四八〇一件(三五・六%)と、この二つで六割近くを占めています。保護処分は、少年院送致が一七三九件(四・二%)、児童自立支援施設等送致が一三七件(〇・三%)、保護観察が一万一七六七件(二八・三%)であり、保護処分は合計三二・八%と処分全体の三分の一弱です。児童相談所長等送致は一一五件(〇・三%)とごく少数です。検察官送致は全体で七・九%ですが、そのうち成人になってしまったことによるもの(年超検送)が三・一%ありますので、刑事処分を相当とするもの(逆送)は四・八%にとどまっています。

これだけみると、甘いような印象をもたれる方もおられるかと思いますが、これからみる成人の処分状況と対比するとそうでもないことがわかると思います。

成人に対する処分

既に説明したとおり、成人の刑事事件では、検察官に起訴・不起訴の広い裁量権が与えられています（起訴便宜主義）。また、警察署限りで事件を終らせる微罪処分も認められており、刑法犯の検挙人員の約三割が微罪処分で終っています。

二〇一九年（令和元年）の検察統計、司法統計に基づいて、検察庁の事件処理の状況をみると、成人被疑事件のうち、法廷が開かれる正式の起訴（公判請求）は九・四％、書面審理による罰金等を求める略式命令請求が二三・四％であり、残りの六七・二％の事件は起訴されず、処分を受けないで終っています。

刑事裁判所の事件処理については、正式の起訴がなされた事件のうち、死刑、懲役刑または禁錮刑の実刑（一部執行猶予を含む）とされたものは三〇・〇％、執行猶予が付された懲役刑または禁錮刑になったものが五九・五％ですが、そのうち保護観察付のものが四・二％です。なお、罰金刑、無罪およびその他は四・八％となっています。

検察庁の処理と裁判所の処理とを合わせてみてみると、検察官が処理した成人被疑者のうち、死刑、懲役刑または禁錮刑で刑務所で受刑する実刑に処されたものは二・八％、執行猶予が付された懲役刑または禁錮刑に処されたものは五・六％です。また、保護観察付の執行猶予が付された懲役刑・禁錮刑に処されたものは〇・三九％にとどまっています。

四　少年に対する処分は甘いのか――少年事件と成人事件の処分状況の比較

これまでにみた少年と成人の処分状況を比較してみると、少年の場合、身柄を拘束して施設に収容する処分に付されている割合は、少年院送致および児童自立支援施設等送致の合計が四・五％であるのに対して、成人の場合、死刑、懲役刑または禁錮刑の実刑に処される割合は合計二・八％となっていますので、少年の方が施設に収容される処分を受ける割合が高いといえます。また、少年の場合、施設に収容されない在宅処分（社会内処遇）であっても専門家の指導を受ける処分に付される割合が、保護観察および児童相談所長等送致の合計が一八・六％であるのに対し、成人の場合はわずか〇・三九％です。

これらに加えて、少年の場合には、審判期日を開いて裁判官が自ら少年の言い分を聞く手続が、保護処分、不処分のほかに、刑事処分を相当としてなされる検察官送致、児童相談所長等送致の場合にもほとんどとられていますので、合計六一・三％近く行われています。これに対し、成人の場合は、正式の起訴がなされた九・四％の場合に公判が行われるだけです。

このように、少年事件の手続および処分の方が、刑事事件の手続および処分と比較して、少年に対して、負担を伴う手厚い教育的な措置がとられているのです。そのうえ、統計上の数値には現れませんが、既に説明したように、審判不開始となる事件を含め、ほとんどの事件において調査官の社会調査が行われ、その過程において種々の教育的措置がとられています。また、審判期日でも裁判官による訓戒・指導等の教育的措置がとられています。

なお、少年事件でも簡易送致を受けて書面審理で審判不開始とされる事件が約二割程度ありますが、成人の場合には、既に触れたように、警察署限りで事件を終らせる微罪処分が刑法犯の約三割の事件で行われていますので、このような簡略な処理は成人の方が多いわけです。

少年と成人で以上のような差異が生じていますが、少年事件では、少年の再犯防止、立ち直りが目的とされ、そのために最適な処分・措置が可能な限り追求され、できる限り必要な介入が行われることになります。これに対して、成人は自律した存在とされ、刑罰は国家による究極の人権侵害・制約と捉えられているため、必要最小限度の介入に止められるため、このような差異が生じるわけです。

以上のように、成人に対する取扱いに比べて、少年に対する家庭裁判所の対応・処分が甘いということもいえないのです。

私の少年審判官としての実務経験でも、既に触れたように、保護処分が想定される事件の少年審判で、前歴のあるすれた少年から刑事処分に回してほしいという要望を受けたこともあります。処分を受ける少年たちは、しんどくない方を希望するわけですから、保護処分の方が厳しいという受け止め方をされていることをうかがわせる事例だと思います。

五　少年の重大な刑事事件の処分状況

国民の関心が高く、注目が集まる少年の重大事件の刑事処分についても概観しておきます。

少年の重大な事件に対する刑事処分をめぐっては、既に触れたように、少年の保護・教育の観点のみならず、被害者の処罰感情や社会一般の正義感情、重い処罰の威嚇による犯罪の予防（一般予防）への配慮などを求める声が強くなり、犯罪対策の面が顕在化します。このような事件でも少年の保護を優先して貫くべきだという意見も主張されていますが、裁判実務では、重大・凶悪な犯罪に対しては、犯罪対策の側面にも配慮した運用が行われています。
まず、家庭裁判所では、原則逆送の趣旨に則って、犯行時一六歳以上の少年による故意の生命侵害犯については、六割以上が検察官送致（逆送）されています。それ以外の重大な事件についても、少年の年齢、事件の重大性、被害感情、社会の正義感情等も考慮して、少年の保護・教育の有効性のみならず、保護処分では償えないとして、保護不適による逆送が行われています。

逆送されて検察官が起訴した少年事件について、地方裁判所では、少年の可塑性、更生可能性なども考慮しますが、犯行の動機・態様の悪質性、結果の重大性、被害感情、社会的影響等を考慮した量刑判断が行われています。また、五五条移送の判断においても、保護処分の有効性に加えて、事案の重大性、被害感情、社会的影響等から保護処分でよいのか（保護処分許容性）が検討されたうえで、五五条移送も行われています。

このような実務運用の結果、重大凶悪な少年事件に対しては、事件の重大性等も考慮して刑事処分相当性が判断されて逆送が行われます。それを受けて起訴された少年には死刑、無期懲役も含む重刑を科している事例も相当数あるのです。なお、少年に対して重い刑が科される件数も減少していますが、既に紹介した凶悪・重大事件の減少ほどの減少比率ではないことからも、地方裁判所が事件の重大性を検討し、それに応じた科刑を行っていることが窺えるということができると思われます。

他方、罪名が重くても事件の内容がそれほど重大・悪質とまではいえず、少年院での矯正教育によって、被害感情や正義感情等に応えることができると思われる事件については、刑事公判の段階でも、保護・教育の必要性・有効性を考慮して、五五条移送とする扱いも相応に活用されています。

特に、刑事公判には、二〇〇八年(平成二〇年)以降被害者参加が、二〇〇九年(平成二一年)以降、裁判員制度が、それぞれ導入されています。このため、以前よりも、被害者を含む一般市民の感覚が刑事裁判に反映されやすくなっているはずです。それでも、最近の裁判員裁判で五五条移送されている事件が散見されます。これは、このような運用が一般市民にも支持されていることの表れだと思われます。

六 一般的な少年犯罪への対応

犯罪少年には、一四歳から一九歳まで幅があり、犯した犯罪にも強盗殺人などの極めて重大・悪質なものから、少額の万引き、放置自転車盗、軽い傷害など被害の回復等が可能なものや少年の反省・謝罪等で相応に被害者等の被害感情等を和らげることができたり、一般市民の理解がそれなりに得られるようなものまで、大きな幅があります。しかも、既に説明したとおり、実際には、重大凶悪事件は、ごく少数であり、大半の少年事件は、少年審判手続、保護処分で十分に対応できるものといってよいのです。

そこで、少年の年齢や犯罪の軽重に応じて、手続や処分のあり方を変えて、適切な対応をしていくことが肝要です。諸外国ではそのように少年の年齢・犯罪の軽重に応じて手続・処分を法定して区分している法制も多いのですが、我が国には、原則逆送以外、そのような区分はありません。運用上の配慮は、既に述べたように行われていますが、そのような区分、制度化は、我が国でも検討すべき課題だと思います。

次章では、なぜ、我が国では、現在のような少年法になったのかを考えるために、まず、諸外国の状況からみていこうと思います。

二　諸外国の少年法制

本章では、これから参考となる諸外国の制度についてできるだけ紹介したいと思いますが、外国の法律制度は国・地域に応じて相当異なっています。諸外国との比較検討には、各制度だけではなく、その運用の実情の比較を実質的に行う必要があります。少年法については、刑法や刑事訴訟法などとともに、その国の家族法や福祉法などの関係する諸制度も把握する必要があります。しかし、これらを正確に把握することは容易なことではありません。そこで、ここでは、実際に私が現地調査を行って、その制度の実情をある程度把握できたところを中心に紹介したいと思います。

少年法制のモデル

最初に述べたように、少年法は、刑罰・裁判制度のほか、子育て、しつけ、教育の在り方、少年の位置づけなどとも深く関わり、文化、宗教、国民性などによる影響も強く受けます。このため、少年法は、国・地域に応じてさまざまな発展・展開をしています。

現在の諸外国の少年法制は、少年特別手続型、少年刑事裁判型、福祉包摂型の三つのタイプに大きく分けることができると私は考えています。それぞれ補足して説明します。

少年特別手続型

このタイプは、少年のために通常の刑事裁判や刑罰とは異なる特別な手続や処分を設けているものです。対象は、犯罪少年のほかに、触法少年や虞犯少年のような問題のある少年も広く含みます。アメリカの少年裁判所に始まり、日本の少年法も、これを受け継いで発展させたものだといってよいと思います。

少年刑事裁判型

成人の刑事裁判手続を基本としながら、犯罪少年の特性に応じて、手続や処分に保護主義的・教育的な修正を加えているものです。触法少年や虞犯少年といった、犯罪少年以外の少年たちについては刑事手続ではなく、行政・福祉手続で扱われることになります。イギリス、ドイツ、フランスなど多くのヨーロッパ諸国でとられている制度ですので、大陸型とも呼ばれています。

福祉包摂型

このタイプは、スウェーデンなどの北欧諸国などでとられている制度です。犯罪や非行もすべて社会にうまく適応できない問題行動として支援の対象となるものと位置づけ、犯罪少年も福祉手続の中で扱っているものです。

本書では、これらの少年法制の代表的な制度のうち、私が、実際に現地で調査をしたアメリカ、イギリス、ドイツ、フランス、スウェーデンについて、その要点を紹介していくことにしましょう（筆者が撮影した写真と作成した手続図も参照）。

三　アメリカ

先ほど述べたように、少年法制が始まったのは、一八九九年（明治三二年）、アメリカ合衆国イリノイ州シカゴの少年裁判所からだといわれています。その背景には、アメリカで当時隆盛となっていたプロテスタントの人たちの人道・博愛的な社会活動や犯罪の原因に関する社会学などの学問研究の進展などがあったと思われます。なお、オーストラリア、カナダなどにも少年裁判所の試行的な動きが数か所みられますが、アメリカの少年裁判所は、州法に基づく恒常的な制度とされていたことと、諸外国に与えた影響が格段に大きかったことなどから、最初の少年法制として広く知られています。

初期の少年裁判所

初期の少年裁判所では、刑事裁判とは全く異なる特別の手続、処分が行われました。このような制度がとられたのは、少年の犯罪や非行の原因は、親や周りの大人たちにきちんと養育されなかったことだという理解に基づいて、非行少年に対しては、適切な養育ができなかった親・保護者に代わって国が適切な教育保護を加えることが望ましいという考え方(国親《くにおや》思想。パレンス・パトリエ)によるものです。

国親思想に基づき、少年裁判所は、犯罪少年、我が国の触法少年・虞犯少年に当たる者に加えて、素行・行状に問題がある不良行為少年、孤児、捨て子、被虐待児、生活困窮児、放任・無視された少年(要保護少年、要扶助少年)などを広く「非行者(delinquent)」として対象としました。その扱う行為も、犯罪に至らない不良な交遊、不登校、親への反抗など、少年の問題のある行状(ステイタス・オフェンス)も広く対象としていました。

審判手続は非公開とされ、刑事裁判のような要式性を廃し、裁判官の職権・裁量によって、少年の性格や反応を見定めながら手続が進められ、少年への質問、説諭等が適宜行われていました。処分も刑罰とは異なる特別なものとされ、孤児院送致、里親委託、プロベーション（保護観察）、少年向けの施設への収容などが行われました。

この少年裁判所は、非行少年に対する制度として、非常に高く評価され、四半世紀のうちにアメリカのほぼ全州に加え、ヨーロッパ諸国にも広く紹介されて、大きな影響を及ぼしました。我が国にも、後に触れるように、一九二二年（大正一一年）の旧少年法の立案時に参考とされました。さらに、現行少年法にも、その後のアメリカ少年法が参考とされ、影響が及んでいます。

その後の少年法制の発展と変遷

少年裁判所は、順調に発展しているように見えましたが、当初から、予算の制約などから少年を扱う担当者のレベルや施設の実情などが、その理念に追いついていないという問題が指摘されていました。また、一九六〇年代後半になると、アメリカの連邦最高裁判所がケント事件、ゴールト事件などの一連の判決において、少年裁判所の手続にも少年の権利保護のために適正手続の保障（少年に対する非行事実の告知、弁護人の援助を受ける権利、黙秘権、証人対質権、反対尋問権などを保障し、裁判官が非行事実を認定する場合には合理的な疑いを超える心証を要求するなど)が必要であることを指摘しました。また、少年裁判所の問題点を指摘する大統領諮問委員会の報告書によって厳しい批判を受けたこと、一九七〇年代の犯罪・非行の激増、治安の悪化などを受けて、アメリカの少年法制は、変化を余儀なくされました。

その結果、特に重い犯罪については、裁判所の手続・処分とともに、刑事裁判所で扱われる場合が増えたり、刑事裁判と同じように検察官、弁護人が立ち会う手続とする改革(手続の刑事訴訟化)や刑罰選択の増加(刑罰化)などが進められてきました。

アメリカ少年法制の最近の概況

アメリカは五〇州とワシントンDCからなる連邦国家ですので、少年法制は、各州(法域)ごとにそれぞれ差異がみられます。しかし、最近の多くの法域では、一定以上の重い事件は、少年裁判所ではなく刑事裁判所で扱われることが多くなりました。それでも、それ以外の一般的な少年事件は少年裁判所で扱われており、少年裁判所自体は維持されているといってよいと思います。もっとも、少年裁判所で扱われていた少年の問題行状などは、行政・福祉手続に委ねられるようになって、少年裁判所が対象とする事件の限定が図られています。

少年裁判所の手続は、陪審制ではなく、公開も制限されています（写真2参照）。また、最近の少年裁判所では、刑事裁判手続と同じように（図3参照）、非行事実の認定と処分の決定とを別の手続として区分する、手続二分制が取られています。少年裁判所で、少年が非行事実を認める場合には、直ちに処分を決定する手続に移りますが、少年が非行事実を争う場合には、非行事実認定の審理を行います。非行事実認定の手続は、刑事事件の陪審のない裁判官による審理に準じ、検察官と弁護人が主張・立証を戦わせ、裁判官が判断を下すという当事者主義的な対審手続が行われています。

写真 2　メリーランド州・モントゴメリーカウンティの巡回裁判所の少年裁判所法廷．刑事法廷を利用しているため，少年裁判所では使用されない陪審席（左），傍聴席（手前）も設けられている（2017 年 11 月撮影）．

処分決定の手続は、非行事実が認定された後に、裁判官がソーシャル・ワーカー等の調査報告を受けて、検察官、弁護人の意見を聴いて処分を決めます。処分を決定する際には、検察官、弁護人との協議によるような運用が行われています。

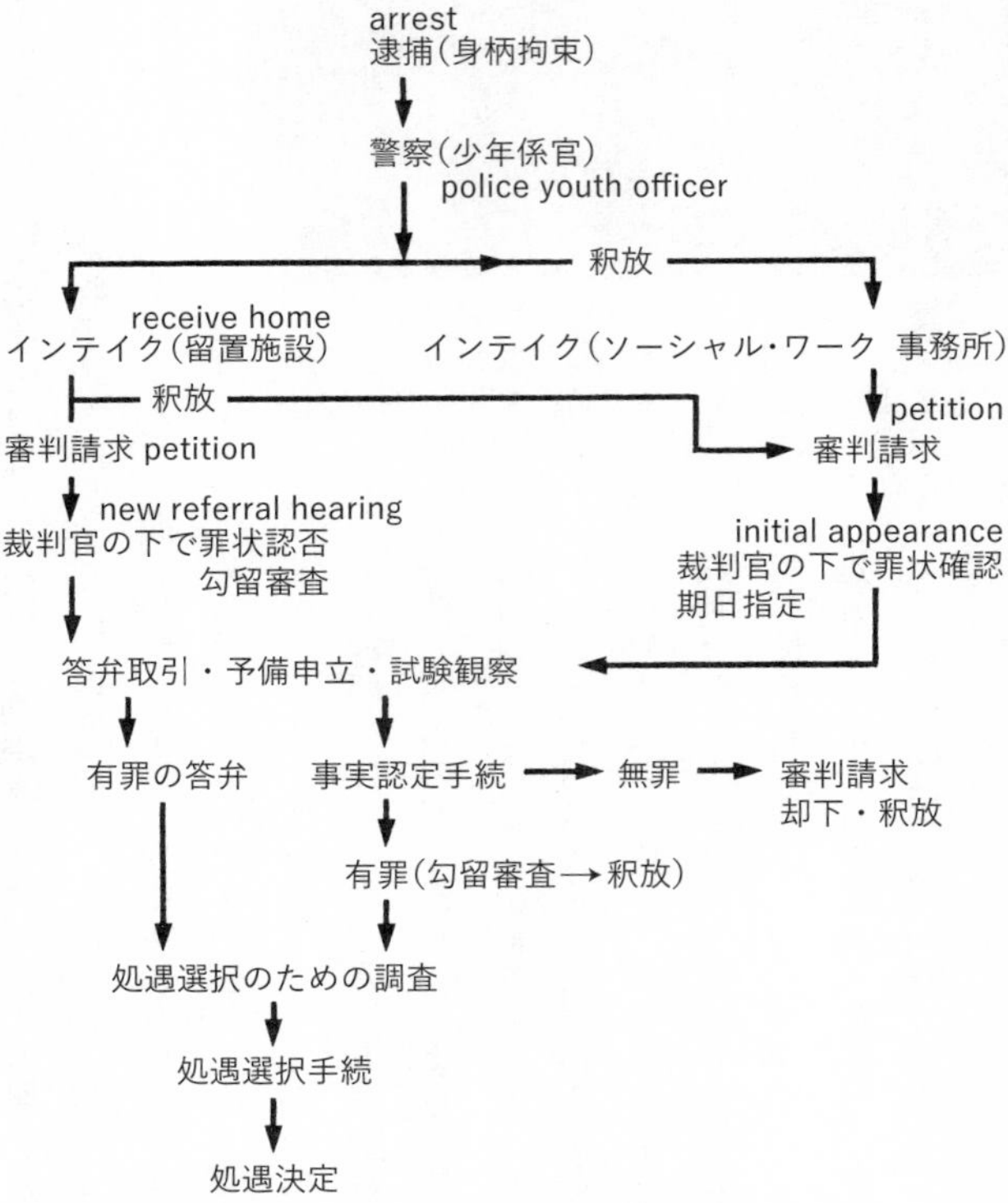

図3　手続図：ワシントンDC(出典：家庭裁判月報48巻10号126頁)

アメリカの少年法制の特徴と動向

このように、アメリカの少年法制は、少年の保護・教育と犯罪の防止（社会の防衛）との調和を模索しながら、非行事実の認定には成人と同様の適正手続の保障を目指しているということができます。

最近のアメリカでは、重大な犯罪以外の事件に対しては、被害者の意見を色々な段階で聞いて処分の決定や処分の執行に反映させるという手法（修復的司法）も取り入れられています。また、懲罰・制裁よりも教育的な処分の方が有効であるという少年犯罪等に関する実証的な研究の成果、脳の衝動抑制に関する機能は二五歳位で成熟するので、それまでは厳罰化しても有効ではないという脳科学の知見なども尊重して、若年者（二〇代）に対してまで処分の特則を設けて、拘禁の抑制、社会内処遇・教育的処遇の充実・拡大を推進する方向に舵を切っているということができます。もっとも、その実情は、少年施設内への学校制度の導入や処遇担当者の教育的な専門性の充実など、我が国では、相当前から行われ、当然とされているようなことを、ようやく始めているという感がありますので、今後の動向が注目されるところです。

修復的司法

刑事司法における伝統的な犯罪に対する考え方では、犯罪に対する訴追・処罰などは、国家と犯人の間の関係の問題(国家対犯人の問題)とされていたため、犯罪被害者はその外に置かれていました。これを転換したのが、「修復的司法(restorative justice)」という考え方です。この考え方では、犯罪を犯人、被害者、社会の間で生じた紛争ととらえ、刑事司法制度の目的をその紛争を除去して法的な平穏を回復することを目指すものとします。被害者は紛争の当事者ですから重要な役割が認められるわけです。

修復的司法は、被害者の地位の改善・強化という最近の世界的潮流の基礎づけとなっているものですが、欧米、オセアニア諸国で発展してきたものです。犯罪の加害者と被害者との対話や調停、和解などのプログラムが実践されています。しかし、広い意味では、被害者の意向を尊重し、犯罪による損害の回復などを目指すものも含めて修復的司法と呼ばれています。近年、我が国でも取り入れられてきた被害者への配慮充実の施策なども広義の修復的司法に沿う動きということができます。

四　イギリス

イギリスは、イングランド、ウェールズ、スコットランド、北アイルランドからなる連合王国です。そして、イングランドとウェールズはほぼ同様の法制度を有していますが、スコットランドと北アイルランドとは、それぞれ民族も刑事裁判の制度も相当に異なり、少年法制もかなり異なったものとなっています。ここでは私が、実際に調査しているイングランド・ウェールズと特徴あるスコットランドの少年法制を紹介することにします。

なお、イギリスの少年法制は英米型に分類されることもありますが、一九九〇年代以降のイングランド・ウェールズの制度は、少年刑事裁判型と考えた方がよいと思います。

手続の特則

イングランド・ウェールズの少年法制は、基本的には刑事裁判手続に準じるもので、審判手続は、成人の刑事裁判とほぼ同じです。しかし、少年のための修正、特則が加えられています。その修正、特則としては、少年の特性を考慮して、手続の公開が制限されていること、裁判官、

◎手続の流れ

捜査→訴追→手続の選択→公判（罪体立証（有罪の答弁では省略）→処遇決定）

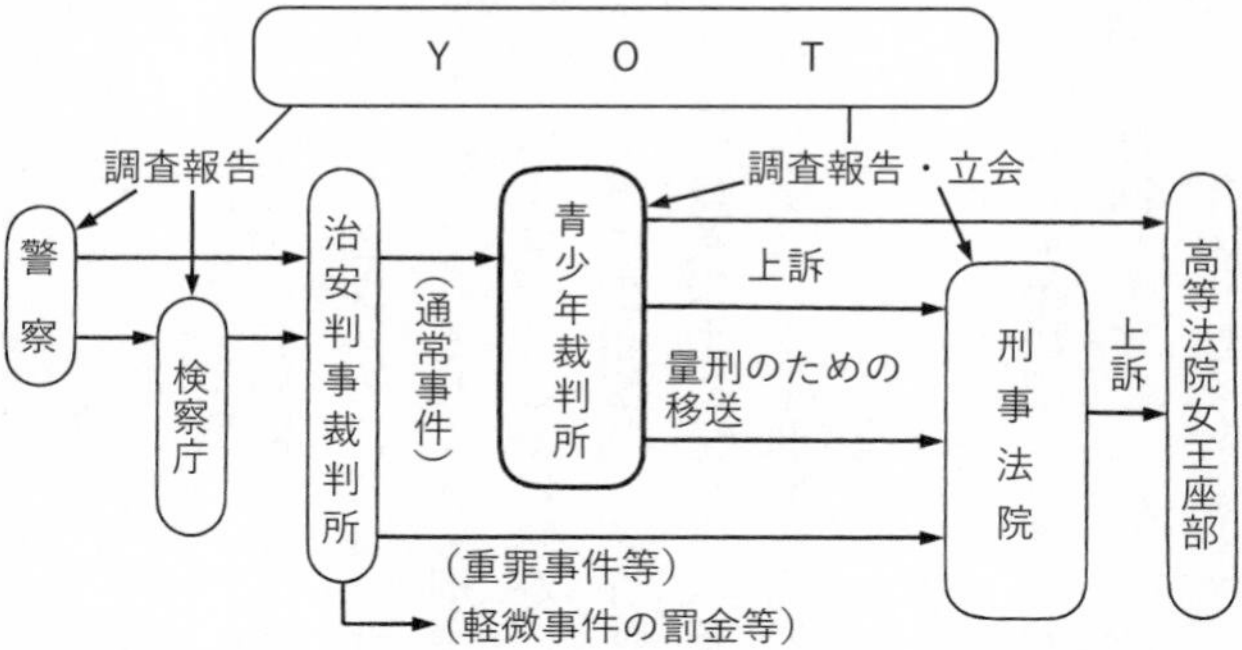

※青少年裁判所＝素人治安判事３人（２人以上で男女両性を含む構成，治安判事補佐官が補佐，有給治安判事は単独）

担当＝重罪以外の一般少年事件

※刑事法院①職業裁判官（判事）と陪審員 12 人

担当＝重罪事件，成人共犯事件，量刑移送事件

②職業裁判官（判事）と治安判事 2〜4 人

担当＝青少年裁判所の判決に対する上訴事件

※治安判事裁判所＝素人治安判事２人以上（有給治安判事は単独）

担当＝手続の選別，罰金以下の科刑

図４　手続図：イングランド・ウェールズ

（出典：家庭裁判月報 48 巻 10 号 122 頁を修正）

検察官、弁護人は、刑事裁判では着用している法服、鬘《かつら》を着用しないこと、心理学、教育学などの専門家が関与することなどがあります。また、処分にも少年の特則があります。

少年の手続でも刑事裁判と同じように、手続が二分されており、少年が非行事実を認めれば処分の決定手続に移ります。少年が非行事実を争う場合には、検察官が非行事実を立証し、弁護人が反証し、裁判所が事実認定をするという当事者主義的な手続がとられます。非行事実が認定された場合、心理学、教育学等の専門家による非行少年の問題性に関する調査報告書・処遇意見が提出され、これを前提として、弁護人の意見も聴いて、裁判所が少年に関する処分を決定します。

裁判体、手続の区分

少年(一〇歳～一八歳未満)の年齢と事件の軽重に応じて裁判体・手続は、以下のように区分されています。

殺人等の重罪事件は、「刑事法院(crown court)」で判事と陪審員による陪審裁判が行われ、無期拘禁も科されます。軽微な事件は、「治安判事裁判所」で治安判事により罰金等の軽い刑罰とされます(図4参照)。

写真3　ロンドン市キャンベルウェル・グリーンの青少年裁判所の法廷．左側ガラス内が身柄拘束中の被告人席（ドック）．法壇は低いがセキュリティは厳重（2015年6月撮影）．

それ以外のほとんどの少年事件は、男女両性が含まれる治安判事三人で構成される「青少年裁判所（youth court）」で扱われます（**写真3**参照）。青少年裁判所は一七歳未満までを扱っていた少年裁判所を改編し、一八歳未満までを扱う少年事件専門の裁判所です。また、このほかに、裁判所・手続が選択できる中間的な事件の類型も設けられています。

なお、治安判事には一部有給・常勤の法律専門家もいますが、治安判事のほとんどは、諮問委員会の推薦を受けて任命された民間人の篤志家で、無給、非常勤の名誉職です。青少年裁判所の治安判事は、研修を受け、マニュアルに従うほか、法律専門家である治安判事補佐官の助言を受けながら審判を行っています。

これまで少年に対する調査・報告、少年の審判手続への関与は、心理学、教育学等の専門家としてソーシャル・ワーカーが行ってきました。しかし、最近の大きな改革として、「少年犯

写真4　ポーツマス市YOTのメンバーと調査団のメンバー．左から2番目が筆者(2015年6月撮影)

罪対策チーム(ＹＯＴ：Youth Offending Team)」が各地区に設けられて重要な活動をしています。

ＹＯＴ

ＹＯＴは、非行少年に関わる警察、学校、保健、医療、福祉、行政(地方自治体)、保護観察所等の関係諸機関から、それぞれ専門家を出向させて常設の組織としたもので、市役所等に事務所を置いて活動しています(**写真4**参照)。

非行・非行少年が認知されると、警察が犯罪・非行の事実の捜査を行うとともに、ＹＯＴ所属のソーシャル・ワーカーが親子関係等の問題点を調査します。少年の心身の状況・健康状態等については、ＹＯＴに所属する医療関係者が調査し、必要な治療なども行います。生活に問題があれば、ＹＯＴの福祉関係者が支援手続なども行います。少年に対する調査の結果をまとめてＹＯＴが非行少年に対する調査報告書を作成し、手続の進行に応じて、警察、検察官、裁判所に順次提出します。YOTは少年の審判手続に立ち会う者を派遣しますし、少年に対する処分の執行にもYOTの保護観察官やソーシャル・ワーカーが関わります。

また、YOTは、犯罪被害者への意見聴取、連絡調整なども行います。YOTは、これらの過程で少年に必要な教育、医療、福祉等の関係する機関等との連絡調整なども行います。

その他、YOTは、犯罪・非行の予防・啓発等の活動も行っています。

少年に対する処分の特則

イングランド・ウェールズでは、成人に対する刑罰も、社会内処遇も含めて、相当多様なものが設けられています。少年に対する処分になると、社会奉仕や各種の訓練の義務づけなど、さらに多様な社会内処遇が設けられています。また、施設収容と保護観察の期間を半々として組み合わせた拘禁訓令命令が設けられ、施設内処遇と社会内処遇の連携が強化されています。

拘禁刑については、少年と二一歳までの若年者は、若年者向け施設に収容されて、少年・若年者向けの処遇が行われています。さらに、親に対する規制・措置や犯罪とまではいえない反社会的な行動に対する処分も設けられています。

制度の特徴

イングランド・ウェールズの少年法制では、少年に対する前述の多様な処分に加えて、犯罪被害者への対応や児童の保護などにも積極的な施策が推進されています。犯罪が増加したり、凶悪事件が発生すると、それを契機として対応策が政争の具とされ、一貫性を欠くという批判もありますが、立法が社会の必要に迅速に対応しているともいえますし、制度の一部施行など、実験的なものも含めた改革が繰り返されています。

イギリス人は、歩きながら考えると言われますが、治安判事が二人でやっている青少年裁判所をみて、「もし二人の意見が割れたらどうするのですか?」と尋ねると、「ほとんどは一致するし、どうしてもまとまらなければ、もう一人入ってもらえば済むことだ」という返事でした。日本の法律論・制度論は、問題事例の解決を最初に考えるので、提案が採用されない場合が多く、二人制にして合議を行う案もそれで立ち消えになっています。イギリスでは、多くの事例がうまくいくかどうかを基準として制度設計をし、一部地域での実施・試行もした上で、うまくいかない例外的な問題の解決を考えていくようです。このようなプラグマティックな考え方にも学ぶべきものがあると思います。

スコットランド

スコットランドは、面積は小さく、人口も五〇〇万人ほどですが、かなり特徴のある少年法制となっています。

スコットランドも当初はイングランドと同様の少年裁判所制度でした。しかし、犯罪少年も、放任、遺棄、生活困窮などの要保護・要扶助少年と同じ問題性を持つ場合が多いので福祉的な考慮が優先されるべきであること、ほとんどの少年が非行事実を認めることなどを理由として、一九七一年(昭和四六年)に少年裁判所を廃止し、保護・教育を重視した少年審判所が「少年審理手続(Children's Hearings)」を行う制度としました(図5参照)。その後、一九九五年(平成七年)にも法改正がありましたが、制度の基本はそのまま発展・維持されています。もっとも、二〇〇三年(平成一五年)から常習犯対策として一六歳・一七歳の常習犯罪者を扱う青少年裁判所が地方裁判所(シェリフ裁判所)に設けられ、試行されています。また、犯罪被害者の意向を重視した修復的司法の制度を取り入れることも検討されています。

少年審理手続では、犯罪少年のほか、我が国の虞犯少年、触法少年も含む要保護少年、福祉的な措置が必要な要扶助少年なども扱われます。この手続では、心理学、教育学等の専門家で

◎手続の流れ

捜査→送致→調査→（事実認定手続）→少年審判手続
　　　　　└→起訴→公判（罪体立証（有罪の答弁なら省略）→処遇決定）

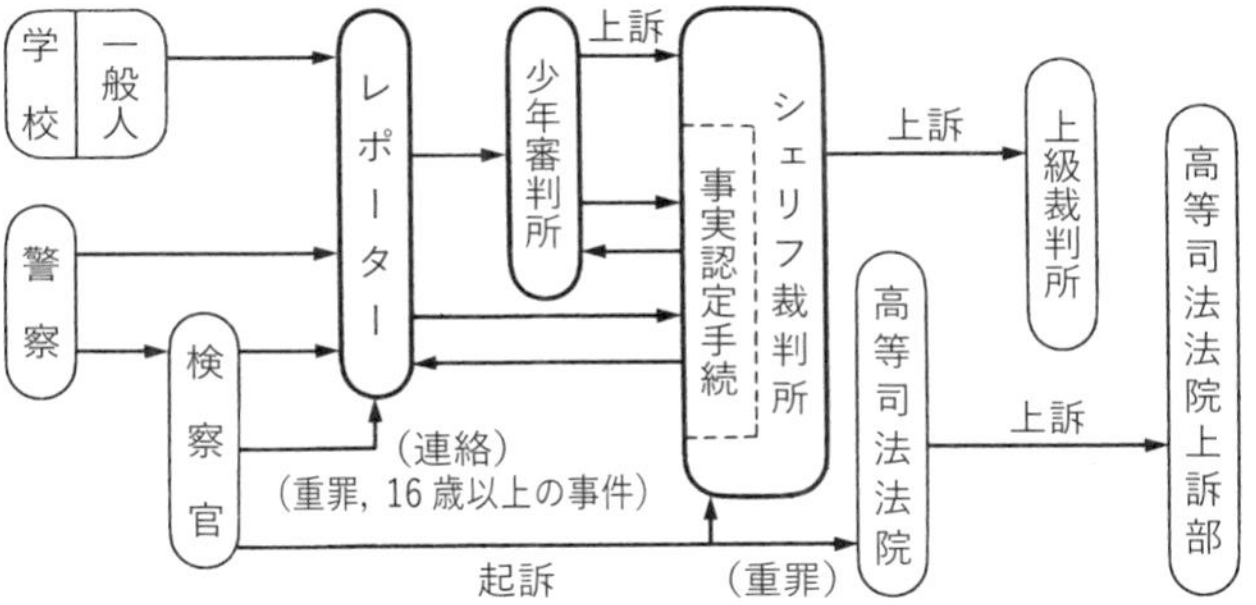

※少年審判所＝参審員3人（レポーターが補佐）で処分の決定
※シェリフ裁判所1事実認定手続＝シェリフ（判事）単独
2刑事手続①シェリフと陪審員15人の構成で16歳以上の少年事件担当
②シェリフ単独の構成で軽罪事件（懲役3月以下）担当
3少年審判所の決定の上訴審＝シェリフ単独で審判
※高等司法法院＝判事と陪審員15人で重罪事件を担当

図5　手続図：スコットランド
（出典：家庭裁判月報48巻10号123頁を修正）

あるレポーターが調査報告書を提出し、後述する市民の参審員三人（一人が議長）が「少年審判所（Children's Panel）」を構成して、レポーターの進行指揮の下、**写真5**のように、参審員が楕円形のテーブルの片側に座って反対側に座る少年、保護者と向き合います。まさに膝詰めで、少年らの意見等を十分に聴きながら、家庭環境等や少年の問題点とその改善方策を討議・検討して、少年の最善の利益（教育・更生）に最適な処分を決定します。

参審員をつとめるのは各地域の一般市民で、多数の応募者から諮問委員会で選抜されます。男女ほぼ同数で、鉄道員、看護師、刑務官、大学講師、教師などのほか学生、主婦、退職者もいます。三〇代から五〇代が中心です。参審員には、数か月の初任者研修、月一回の研究会があります。少年審判所の審理には月二回程度参加し、任期五年で再任もできますが、六〇歳を超えては再任されません。審判を傍聴してみて、参審員の資質・討議のレベルは相当高いという印象を受けました。

写真5　審判室(1995年1月撮影)

少年審理手続の対象は八歳〜一五歳の少年の事件です。一六歳以上の犯罪事件は、検察官が先行して起訴・不起訴を決め、起訴しない事件を少年審判所に送ってきます。このため、一六歳以上の犯罪、重大な犯罪は起訴されて刑事裁判で扱われる場合が多くなります。

また、検察官および刑事裁判所は、犯罪少年の事件を裁量的に少年審判所に送ることができます。さらに、非行事実や少年の問題性(要保護性)など、審判に付す前提事実に争いがある場合には、裁判官による事実認定のための手続に回すこととされており、裁判官が認定判断した事実を前提として、少年審判所で審判が行われます(図5参照)。

少年審判所が行う処分には、少年に対するソーシャル・ワーカーなどによる在宅の監督処分、居住付の監督処分(少年施設への収容、里親・親族等との居住)、我が国の少年院に類似した少年のための閉鎖施設収容などがあります。

なお、少年・若年者(二一歳まで)の拘禁施設は、年齢に応じて、一六歳までは少年用施設、二一歳までは少年刑務所、それ以上は一般の刑務所とされています。

スコットランドの少年法制は、このように保護・教育に純化された手続を設けるとともに、犯罪対策の部分は刑事手続に委ねている制度ということができます。

五　ドイツ

ドイツの少年法制は、第二次世界大戦後の一九五三年(昭和二八年)にできた少年裁判所法が基礎となっています。その後の犯罪学の発展、実務家による改革的な実務運用、国際人権法の展開なども取り入れるとともに、少年犯罪の増加、財政の悪化、東西ドイツの統合などという社会の激変に対応するように、運用の改革、法改正が繰り返されています。

ドイツの少年法制は、刑事裁判手続を少年や非行の特性に応じて修正し、少年裁判所が少年の犯罪を扱うというものです。

少年裁判所の対象と処分

ドイツの少年裁判所の対象は、犯行時一四歳から一八歳未満(一七歳)の犯罪少年に限定されています。触法少年や虞犯少年に当たるような少年は、要保護・要扶助少年と併せて地方自治体の少年局や後見裁判官が対応します。

犯行時に一八歳から二一歳未満(二〇歳)の者は、準成人として、その成熟の程度に応じて、少年に準じて扱うことができるという特則があり、積極的に活用されています。

少年に対する処分の特則としては少年刑、教育処分、懲戒処分が設けられています。

少年刑には、六月以上五年以下(法定刑が一〇年を超える罪は一〇年以下)の拘禁、保護観察のための刑の執行猶予、宣告猶予があります。

教育処分には、住居等の指定、就業の指示、被害者との和解努力、教育的な指導保護などがあります。

懲戒処分には、裁判官による戒告、被害者に対する損害賠償・直接の謝罪、労働作業、公共施設への寄付などの義務の賦課のほか、四週間以下の少年拘禁があります。なお、賦課された義務の違反には少年拘禁を課すことができます。

少年裁判所の構成

ドイツでは、少年犯罪を審判する裁判所を少年裁判所と総称しています。少年裁判所は、事件の軽重に応じて、①少年係裁判官（単独の裁判体）、②少年参審裁判所、③少年裁判部の三つに区分されています（図6参照）。

①少年係裁判官は、教育処分、懲戒処分、一年以下の少年刑に当たる事件を一人で担当します（写真6参照）。少年係裁判官は、刑事事件を扱う裁判官と同じ職業裁判官ですが、少年教育の能力・経験が要求されています。対応する少年係検察官にも同じ専門性が必要とされています。

②少年参審裁判所は、少年係裁判官が裁判長となり、男女各一人の少年参審員が加わった三人で構成されるものです。少年参審員は、推薦制で男女同数の名簿に登録された一般市民で、

◎手続の流れ

起訴前手続→起訴→中間手続(職業裁判官のみで審査)→公判開始→公判手続

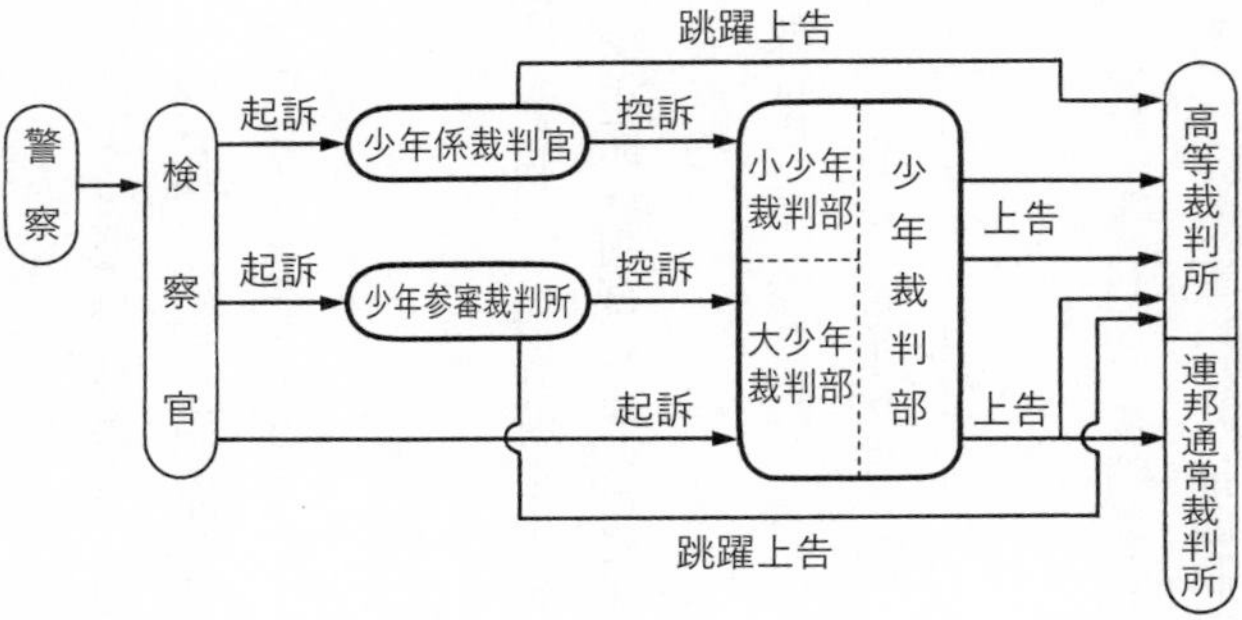

(地方裁判所)

※少年裁判部①大少年裁判部＝職業裁判官3人(重大事件以外は2人)と参審員(男女各1人)で重大事件と少年参審裁判所の上訴事件担当

②小少年裁判部＝職業裁判官1人と参審員(男女各1人)で少年係裁判官の上訴事件担当

(区裁判所)

※少年参審裁判所＝少年係裁判官と参審員(男女各1人)軽い事件，重大事件以外を担当

※少年係裁判官＝単独審理で軽い事件(少年刑1年以下)を担当

図6　手続図：ドイツ(出典：家庭裁判月報48巻10号124頁)

任期内に割り当てられた事件を担当します。少年教育の能力・経験が要求されており、教師、職業訓練士など教育関係者のほか、建築関係、公務員などもいます。少年参審裁判所は、少年裁判部が扱う重大事件以外のすべての事件を担当できます。

写真6　ドイツの少年係裁判官の法廷(開廷前). 裁判官(中央), 書記官(右隣), 検察官と少年審判補助者(手前右). 刑事法廷と同じで, 裁判官は法服を着ているが, 法壇は低く, 右側に窓もあり, 格式張ってない. この法廷では被告人以外, 全員女性だが, 珍しいことではない(2017年1月撮影).

③少年裁判部は、職業裁判官三人に男女各一人の少年参審員が加わった五人で構成され、謀殺(計画的殺人)、故殺、強盗致死、強姦致死、重大放火などの特別重大な事件と少年参審裁判所から移送された事件などのほか、少年係裁判官、少年参審裁判所の判決に対する控訴事件を扱っています。

少年の身柄の拘束

ドイツでも捜査、公判のために被疑者、被告人の身柄を拘束する必要がある場合、勾留が認められています。勾留期間は、原則六か月ですが、その後三か月ごとに更新することができ、期間の上限はありません。しかし、勾留には、犯罪の重大性との均衡(バランス)が要求され、その必要性の審査が厳格になされています。

少年の勾留は、成人よりも制限されており、開放施設収容等では賄えない場合に限定されて認められます。重罪以外は、厳格に運用されていますが、犯罪傾向のある少年は勾留される場合も多いようです。

裁判手続

少年に対する裁判手続は、基本的には成人の刑事裁判手続と同じです。しかし、少年に対しては、公開の制限、教育権者(保護者)の出席、心理学・教育学等の専門性のある少年審判補助者が少年の調査を行い、処分に関する意見を述べ、審判、処分の執行に関与するなどの特則が設けられています。

地方自治体の少年局所属の専門職員が少年審判補助者をつとめ、捜査段階から少年の調査をし、少年係検察官への調査報告も行っています。既に触れたように、少年係検察官にも少年の教育能力、経験があることが要求されています。

大陸法系のドイツでは、成人の刑事裁判の審理も職権主義で行われていますが、これは少年についても同様です。裁判所は、検察官、弁護人の立会の下、口頭主義、直接主義に則って、真相解明に必要な限り、少年の有利・不利を問わず、積極的に職権を行使し、証拠調べを尽くして、非行事実を認定し、少年に対する処分を決定しています。少年の身柄拘束や弁護人の選任についても、犯罪・処分の軽重に対応して区分されています。

「準成人」の特則

既に触れたように、ドイツでは、犯行時一八歳から二一歳未満（二〇歳）までの犯罪者は「準成人」として、少年裁判所の管轄とされています。準成人も社会復帰が重視されており、刑の軽減が可能とされています。また、準成人で精神的成熟度が少年と同視でき、その行為の種類・事情・動機から少年非行と評価できる場合には、少年の特則が準用できるものとされています。もっとも、この準用には教育処分のうち未成年を前提とするものや、教育権者に関係する条項は除外されていますし、謀殺で責任が重大である場合には少年刑の上限が一五年まで引き上げられています。

ドイツは一六州による連邦なので、州による差異が相当にみられますが、全国的には準成人の七割程度に少年の特則が準用されています。しかも、その処分の七割程度が、少年刑ではなく、懲戒処分等です。少年の規定が準用されない場合には、成人と同様の刑罰が科されます。それでも、準成人には無期の自由刑は一〇年から一五年までの自由刑に緩和されますし、量刑上若年者の特性を考慮することが求められています。このような実情から、ドイツの実質的な少年年齢は二一歳(二〇歳以下を扱う)とみることもできます。また、実務家、研究者の間では、準成人に少年裁判所法を全面的に適用する改正を求める主張も有力です。

制度の特徴

ドイツの少年法制の特徴として、少年の年齢や犯罪の軽重に応じて手続・処分が区分され、犯罪の重さと手続、処分との釣り合いが図られていることを挙げることができます。

つまり、少年犯罪に対しても、重罪ほど重い処分を科すことが可能とされているとともに、権利保護への配慮もなされています。また、重い罪には、相当長期間の勾留も認められ、慎重かつ必要な審理が可能な制度とされています。捜査・裁判中の勾留の可否・期間、弁護人の選任なども少年の年齢・犯罪・処分の軽重に対応しています。比較的軽い犯罪には教育的な処分が可能とされていますし、施設収容処分を回避して教育を重視した処遇も可能とされています。

一方、少年の責任の自覚、贖罪等の観点が明定されており、懲戒処分としての少年拘禁が活用されています。成人よりは限定されますが、少年に対しても、少年刑による拘禁に加え、重大な犯罪に及ぶ性癖に基づく将来の危険を理由とする身体拘束（保安監置）も適用可能とされています。また、二〇〇六年（平成一八年）からは、犯罪被害者の裁判手続への参加も認められています。

このように、ドイツの少年法制は、少年・若年者への教育とともに、一般予防・社会防衛、被害者への配慮も相応に図られている制度ということができます。

六　フランス

フランスの少年法制は、一九四五年（昭和二〇年）の政令（オルドナンス）による制度を基礎として、社会状況等の変化に対応する改正が繰り返されています。ドイツと同様に、少年手続は刑事手続を基本として、その特則とされています。また、少年の年齢・犯罪の軽重によって手続、裁判体、処分などが区分されています。もっとも、その対象には、犯行時一三歳から一八歳未満（一七歳）の犯罪少年のほか一〇歳から一二歳の触法少年も含まれています。

◎手続の流れ

予備捜査 ─┐
私　　訴 ─┘→ 予審 →（重罪の場合は再度の予審）→ 公判

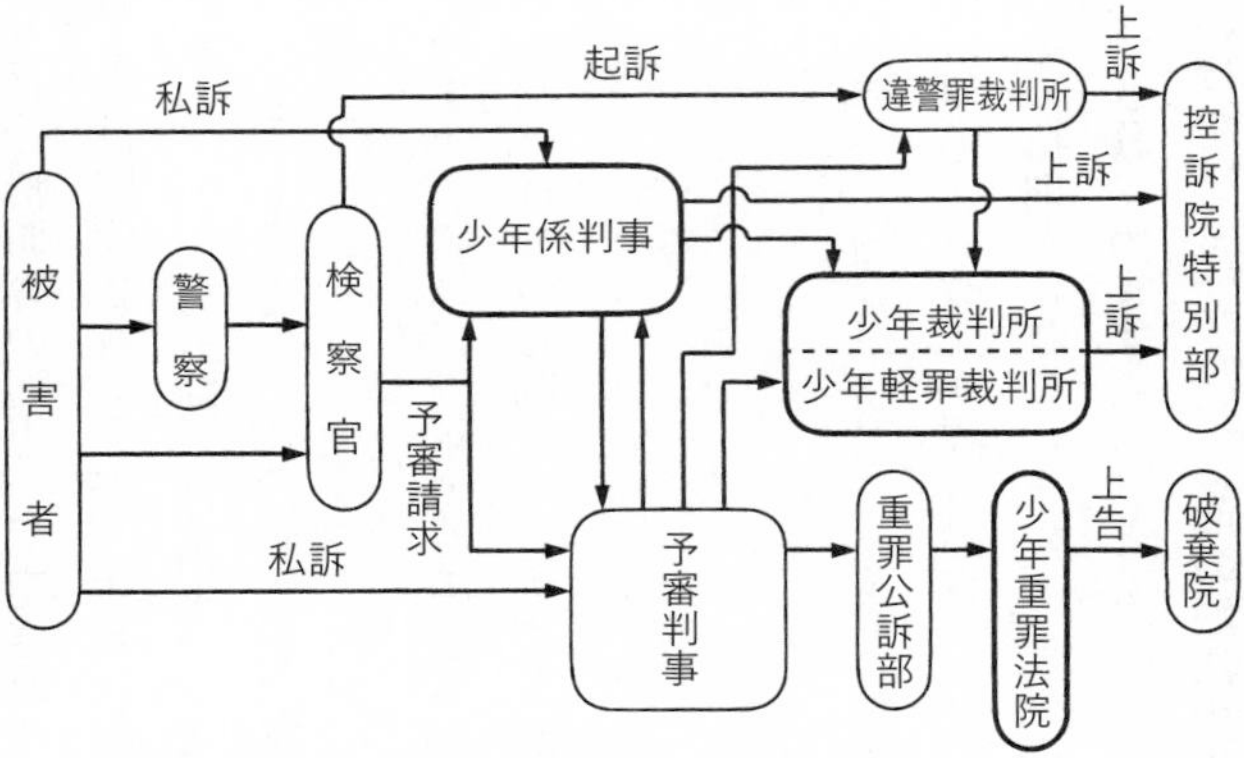

※少年係判事＝職業裁判官単独審理で軽微な事件担当

※少年裁判所＝少年係判事と参審員 2 人で 16 歳未満の少年の重罪と他の裁判所で扱わない事件全般担当

※少年軽罪裁判所＝16 歳以上の少年の軽罪の再犯事件担当

※少年重罪法院＝職業裁判官 3 人と陪審員 6 人で 16 歳以上の重罪事件担当

※違警罪裁判所＝職業裁判官単独審理で軽微な事件（罰金または訓戒相当）担当

図 7　手続図：フランス（出典：家庭裁判月報 48 巻 10 号 125 頁を修正）

予審・予審判事等

フランスの刑事手続には、戦前の日本で行われていた予審の制度があります。現在の日本では、捜査は警察官、検察官が行い、裁判官は令状をチェックするだけですが、フランスでは、裁判官(予審判事)が予審を主宰して強制捜査や取調べに当たる処分を行います。予審は、犯罪の嫌疑および被疑者の人格等の情状を明らかにし、公判に付すか否かを決定する捜査・予備裁判的な手続です。予審判事は、判事の中から任期三年で任命され、我が国の検察官および令状裁判官にあたる権限を持つほか、保安拘禁的な処分も行います。予審と公判(裁判の審理)は、区分され、担当者も原則として分けられています。

犯罪の種類

フランスでは、犯罪は違警罪、軽罪、重罪の三種に明確に区分され、それに対応して捜査、裁判、処分も区分されています。

違警罪は、軽い暴行等の罪で五級に分けられています。

軽罪は、傷害、窃盗などの一般的な犯罪です。

重罪は、殺人、強姦(強制性交)、加重強盗等などの重大犯罪です。

この犯罪の区分に対応して、成人の犯罪では、各事件を扱う裁判体として、違警罪裁判所、軽罪裁判所、重罪法院が設けられており、その捜査・公判の手続もそれぞれ異なっているのです。

少年の犯罪に対しては、以下のように、成人の手続を修正した裁判体、手続、処分などの特則が設けられています。

裁判体

少年の犯罪(少年事件)を扱う裁判体として、少年係判事、少年裁判所、少年重罪法院が特別に設けられていましたが、最近の改革で少年軽罪裁判所も設置されました(図7参照)。なお、違警罪裁判所は、少年の事件のうち四級までの軽い違警罪を扱い、罰金、訓戒とすることができますが、保護観察が必要である場合には少年係判事に事件を送致することになります。

少年係判事

少年係判事は、少年事件のほか、少年の後見・保護などの保護事件を専門的に扱う裁判官として設けられた役職です。少年係判事は、少年事件のうち、軽傷害などの五級の違警罪、軽罪の予審と公判、処分決定後の教育処分の変更など、捜査から処分の執行にまで関与して少年事件の大半を取り扱う中心的な役職です。

なお、フランスでは後見や保護の問題をかかえる要保護少年の事件は、少年事件の数倍あります。後見・保護の問題は基本的に行政機関が教育的、福祉的に対応していますが、少年や保護者の同意が得られない、施設への収容処分などは、少年係検事の請求により、少年係判事が決定します。

少年係判事は、前記各事件を単独で担当するほか、少年軽罪裁判所および少年裁判所の裁判長、少年重罪法院の陪席判事としても活動します。まさに、少年事件における要の役割を果たしているものということができます。

少年裁判所・少年軽罪裁判所

少年裁判所は、少年の軽罪、五級の違警罪、一三歳から一五歳までの少年が犯した重罪の予審、公判を、原則として担当します。少年裁判所は、少年係判事が裁判長となり、非法律家の陪席裁判官(参審員)二人が加わる三人で構成されます。この参審員は、三〇歳以上のフランス国民で青少年の育成に関与していることが資格とされ、任期四年で男女同数任命されます。参審員には、教育関係者、社会福祉関係者などが多く、中には大学教授や医師などもいます。参審員は、再任が可能なため、二〇年以上つとめている人もいます。参審員が有している教育・福祉等、法律以外の視点や知見は有用なものとされ、専門参審制に近い印象で、関係者からも有効に機能しているという評価を聞きました。なお、二〇一一年(平成二三年)の法改正で、一六歳以上の少年の軽罪の再犯事件を扱う少年軽罪裁判所が設けられ、少年係判事が裁判長となりますが、一般市民二人の参加も認められています。

少年重罪法院

少年重罪法院は、一六歳、一七歳の少年の犯した重罪の公判だけを担当します。裁判長は、少年事件に専門性のある控訴院判事、陪席裁判官二人には少年係判事が当てられます。これに六人の陪審員(二〇一一年(平成二三年)の改正前は九人)が事件ごとに一般市民から抽選で選ばれます。その審理の間だけ構成される九人の大合議体の裁判所です。私が面談した関係者の間では、合議体ごとの差異が大きいなど問題点の指摘もありました。

少年事件の捜査

少年事件の大半は、警察が捜査をして検察官に事件を送り、検察官が嫌疑を審査し、嫌疑が認められた重罪の事件は予審判事に予審の請求をします。軽罪以下の少年事件については、予審判事または少年係判事に予審の請求が行われます。予審と公判は別の裁判官が担当するのが原則ですが、少年に最適な処分を行えるようにするため、少年係判事は、予審もその後の公判も行うことが例外として認められています。

予審判事は、予審の結果、犯罪の嫌疑が認められれば、犯罪の区分に応じて各裁判所等に事件を送致します。少年事件では、その送致先が、違警罪裁判所、少年係判事、少年裁判所、少年軽罪裁判所となるほか、一六歳以上の少年による重罪については、重罪公訴部に送致されて公判(裁判)で処分を科す必要があるかを審査され、必要が認められた場合に少年重罪法院の公判に付す決定が行われます。なお、嫌疑が不十分な場合には予審免訴として手続を終えます。

少年事件の社会調査

少年事件の特則として、非行少年に対する専門家による社会調査が、教育保護技官(educateur)によって行われます。教育保護技官は、我が国の調査官、少年鑑別所技官、少年院教官、保護観察官などの役割も担当する心理学、教育学等の知識のある専門職です。

未決勾留の特則

年少者に対する捜査、裁判中の身柄拘束(未決勾留)には、一〇歳、一三歳、一六歳という年齢区分に応じた制限や期間の短縮が設けられています。それでも捜査、公判のため必要性がある場合には、七年未満の拘禁刑に当たる罪では二か月、七年以上の拘禁刑に当たる罪では一年、重罪では一六歳未満で一年、一六歳以上では二年まで、それぞれ勾留することが認められています。

公判手続

フランスも、ドイツと同様に職権調査主義がとられており、裁判長には、真実発見に有用な一切の措置が可能であることが明記されています。少年事件の公判は、非公開の特則があるほかは、成人刑事事件とほぼ同様です。広い法廷の高い法壇に裁判官、検察官が座り、弁護人も法服を着て立ち会い、口頭主義での審理が原則とされています。

そのうち、少年重罪法院の手続は、最も厳格なものとされており、非公開の厳格な刑事裁判という印象です。

少年裁判所の手続は、一部の簡略化が認められており、予審担当の少年係判事が裁判長となる例外が認められているほか、判決を延期して少年の行動調査のため一定期間保護観察に付したり、情操保護などのために、少年を一時退席させることができるなどの審判運営上の特例も認められています。

少年係判事の審判は、捜査記録、調査報告書、少年、親などへの質問の結果に基づいて処分を決定します。万引き、交通違反、軽い傷害など軽微な犯罪で身柄の収容を伴わない教育処分は、裁判官の執務室で形式張らない雰囲気で課されます。審判に検察官が立ち会わない場合も多く、弁護人、保護者は立ち会えますが、保護者が来ない場合も少なくないようです。少年係判事は、少年裁判所と同様に判決を延期して少年を保護観察に付すこともできます。

処分の状況

少年に対する処分には、自由刑、罰金、公共労働命令、賠償措置などの刑罰、戒告、教育・職業訓練所への収容などの教育処分、社会活動参加、外出禁止、立入禁止等の教育的制裁、保護観察などがあります。刑罰は、少年裁判所、少年重罪法院で科されますが、公共労働命令は一六歳以上の少年に限られます。

フランスでは、教育処分優先が掲げられ、刑罰は、原則として減軽されることになっています。しかし、一〇歳以上の少年には制裁を科すことができますし、一八歳以上は例外なく成人扱いされます。また、少年でも重罪については、ほとんど成人並に扱われ、一六歳、一七歳には、刑の減軽を排除することができるとされています。

実際に、少年に対しても、相当重い刑も含む刑罰が選択されることも多く、また短期間の自由刑も相当活用されており、少年事件の四割以上に刑罰が科され、そのうち拘禁が七割以上、二割以上が実刑となっています。

制度の特徴

フランスは、ドイツと同様に、犯罪・年齢に応じて、手続・裁判体・処分が明確に区分されています。軽い事件では少年の問題性に応じた弾力的・柔軟な手続の運用や措置が行われる一方、重罪には厳格な手続が行われて重い刑も科されるとともに、権利保障も図られています。また、中心的な役割を果たす少年係判事、専門性のある陪席裁判官(参審員)、教育保護技官などが設けられ、保護・教育的な制度や運用がみられます。その一方で、少年に対する刑罰、重刑も相当程度科されていますので、注目すべき点が多い制度ということができます。

七　スウェーデン

北欧諸国では少年の犯罪に対して福祉委員会という制度が存在し、活動を行っている点が特徴的ということができます。私は、デンマーク、ノルウェー、フィンランドも調査しましたが、ここでは、北欧の盟主であり、少年に対する制度が最も充実しているスウェーデンを中心に紹介することにします。

スウェーデンの刑事司法には少年法や少年裁判所などの特則は設けられていません。少年の犯罪に対しても、成人の犯罪に対する捜査・裁判・処分を基本とした対応がなされており、その一部に特則が設けられているだけです。この刑事司法制度に着目すれば、少年刑事裁判型の一つともいえます。

しかし、スウェーデンの特徴は、犯罪や非行に対しても、社会福祉機関が重要な役割を果たしていることです。その背景には、犯罪少年も非行少年も社会にうまく適応できないため支援を要する者の一類型と捉えて、他の要支援者（老年者、障害者、経済的困窮者など）たちと同じように福祉的な枠組みの中で対応するべきだという考え方があります。私は、このような実情に着目して福祉包摂型と呼んでいるわけです。

写真7　ソレンツーナコムーン(市)のソーシャル・ワーカーと調査メンバー(左から，筆者，ハンナ・ヒラサワ氏，エーヴァ・ペッテルソン氏，藤宗和香立教大学教授(当時)，2013年10月撮影).

社会福祉委員会・社会事業局(ソーシャル・サービス)

スウェーデンの社会福祉の基本法(社会事業法)には、人間性の尊重と人格の発達、地域社会への参加・共生などが指導理念として掲げられています。そして、少年・若年者は、その支援対象者の一つとして、老年者、障害者、経済的困窮者などとともに掲げられています。この基本原則の下に、少年や若年者に対する福祉的な処分・措置を定める特別法と少年・若年の犯罪者の手続・処分に特則を定める特別法が相関して統合されて機能しているのです。このような制度・運用の中心となるのが社会福祉委員会です。

社会福祉委員会は、首都ストックホルムにある本部のほか、各地区に設けられており、非行少年への対応を含む福祉・支援の基本的な方針を定め、関係諸機関との連絡調整を行う中心的な機関となっています。社会福祉委員会の実働部隊が社会事業局(ソーシャル・サービス)であり、そこに所属する心理学、教育学、社会福祉学等の専門性のある職員(ソーシャル・ワーカー)が活躍しています(写真7参照)。以下では、これら職員の活動も含む全般をソーシャル・サービスと呼んで説明します。

犯罪・非行に走る少年たちは、本人の知能、性格などの問題や親の貧困などのほか、出生時、乳幼児期、就学時期、学齢期、思春期など、その生育・発達時期に伴って特有の問題(教育、医療、福祉等)をかかえていることが多いのです。そこで、少年の各時期の問題状況を調査して把握するだけではなく、適切な時期にさまざまな問題の解決を図っていくことが、犯罪・非行を防止し、今後の再犯防止、立ち直りのために有効です。ソーシャル・サービスは、このような少年・若年者の問題全般に関わり、関係諸機関との連絡調整をも行う中心的な機関です。ソーシャル・サービスは福祉的な対応の中心的な機関として、少年が出生する前の妊婦に対する支援、出生後の乳幼児期の保育の支援、就学・通学の支援、学校との調整、少年・親の生活の支援なども行っています。

まず、ソーシャル・サービスは、犯罪・非行が生じた場合に警察から連絡を受けて、少年の調査を行うのはもちろん、以降の捜査・審判・処分の執行に関与します。ソーシャル・サービスによる少年の非行原因の調査、処分に対する意見には、非行後の調査のほか、それまでの少年・保護者等への対応、措置等において取得した情報も総合的に検討されます。このため、捜査、裁判の処分決定において、ソーシャル・サービスの意見は尊重されています。

刑事手続・処分の特則

高度な福祉国家として知られる北欧では刑罰や制裁に対して消極的な制度・運用が行われていると思われるかもしれません。私もそういうイメージを抱いていましたので、文献調査の段階では、北欧諸国の少年に対する刑罰の比率が高いことがわかり違和感を持ちました。しかし、実地調査を進めてみると、スウェーデンでは成人の刑事手続や刑罰でも、犯罪者の人間性が尊重され、その再犯の防止、社会復帰が重視されています(写真8参照)。その上さらに、少年・若年者には、次に述べるような特則があり、他の国の少年法制以上に、制裁よりも教育・保護を重視した制度・運用が行われていることがわかりました。

一五歳未満の少年の犯罪行為は、「触法少年」としてもっぱらソーシャル・サービスの下で福祉・保護的な対象として扱われます。一五歳から一七歳で犯罪を犯した者は、犯罪少年として、警察の捜査、検察官の起訴、裁判所における審理・裁判が行われますが、「犯罪少年の特則」があります。また、一八歳から二一歳未満までの者の犯罪には「若年者に対する特則」が設けられています。

写真8　ソレンツーナ(ストックホルム近郊)地方裁判所の法廷．左から1人目と3人目が裁判官．奥の法壇に裁判官1人と一般市民の参審員3人が座るが，会議室のような雰囲気である(2013年10月撮影)．

捜査の特則

警察が少年犯罪を認知すると、直ちにソーシャル・サービスに通報され、ソーシャル・サービスは、少年の取調べに立ち会うとともに、その調査を行い、処遇意見を付した報告書を提出します。すでに触れたように、ソーシャル・サービスが少年や家族のケアをしている場合には、それらの情報を前提とした調査報告となります。また、これらの報告書は、検察官の起訴・不起訴の判断、刑事裁判の処分の決定においても十分尊重されています。

訴追の特則等

スウェーデンでは、犯罪の嫌疑が認められれば、検察官に起訴が義務づけられる起訴法定主義が原則とされています。しかし、少年事件では検察官の裁量で訴追を猶予したり、ソーシャル・サービスに委ねることも認められています。起訴を受けた刑事裁判所も、少年の事件は、犯罪事実を認定した後、ソーシャル・サービスに委託することもできます。

若年者は、刑事手続で刑罰を科すことが原則とされていますが、二一歳未満の者については、裁判所の裁量でソーシャル・サービスに事件を委託することができます。このほか、少年に対しては、身柄拘束の限定、国選弁護人の積極的選任、被害者等との調停・和解の励行等の特則が設けられています。公判においても、二一歳未満の若年者には、担当者の専門化、手続の迅速化、公開の制限、一八歳未満の少年には保護者への通知などの特則が設けられています。

科刑の特則

少年(一八歳未満)に対して拘禁刑が相当な場合には、施設・処遇が少年・若年者の特性・問題性への対応に特化された閉鎖施設収容(閉鎖的少年保護)に代えられます。若年者に対する拘禁については、二一歳未満の者に対する拘禁刑選択の限定、年齢に応じた拘禁期間の減軽(二〇歳五分の一、一九歳三分の一、一八歳二分の一、一七歳三分の二、一六歳四分の三、一五歳五分の四を各減じる)が行われます。そのうえ、刑罰に代えて社会福祉的保護の活用、少年社会奉仕の処分とすることも認められています。

社会福祉的保護

支援を要する少年に対してソーシャル・サービスが行う任意的な措置には、開放的な施設への入所を含む援助供与、コンタクトパーソン(助言・支援者)の選任などがあります。少年や保護者の同意が得られないものの、少年に虐待や健康・成長阻害の明白な危険がある場合には、ソーシャル・サービスの申請を受けた行政裁判所の決定により、閉鎖施設への収容を含む保護の措置をとることもできます。これらの措置は、刑罰・制裁のための収容処分とは目的や手続が異なるものとされていますので、拘禁に代わる閉鎖的少年保護の終了後、本人の福祉上、閉鎖施設収容の必要性が認められれば、この手続で収容を継続することも可能とされています。

なお、このような強制的な保護には、措置を受ける者の人権保護のため、六か月ごとの再審査が保障されています。

制度の特徴

スウェーデンの少年法制には、このように刑事手続・処分に対する特則があります。しかし、それ以上に、犯罪・非行に走る少年、若年者に対して、出生から若年の成人(〇歳から二一歳未満)まで、少年だけでなく家族も含めて、犯罪・非行の原因となる問題全般に関わり、支援・対応する役割を社会福祉委員会(ソーシャル・サービス)が担い、関係機関の中心として活動していることが、制度の大きな特長ということができます。

八　諸外国の共通の特徴と今後の動向

以上、少年法制の発祥地で少年特別手続型のアメリカ、少年刑事裁判型のイギリス、ドイツ、フランス、福祉包摂型のスウェーデンという主要な諸外国の少年法制について、各制度の特徴的なところをかいつまんで紹介してきました。各国、それぞれに差異があり、多様ですが、共通しているところも少なくないことに気づかれたのではないかと思います。

共通の特徴

共通しているところとしては、少年に対しては、手続の公開の制限や身柄拘束の限定があること、心理学、教育学などの専門家が、少年の心身の状況・非行の原因、その有効な対策についての調査・分析をし、審判に立ち会い、処分の執行にも関与していること、処分には、刑の軽減、教育的な修正、代替的な処分などの特則が設けられていることが挙げられます。

また、少年の年齢・犯罪の軽重に応じて、捜査・公判などの手続・処分が区分されており、年長少年の重大事件では、厳格な手続・慎重な審理のうえ、成人並みの刑罰が科される一方、軽微な非行には簡略な手続、一般的な事件には、減軽・緩和された刑、教育保護的な代替処分が課されている点などにも共通性が認められます。

最近の動向としては、制裁よりも教育の方が有効だという実証的な研究成果、脳の衝動性の抑制機能は二五歳位まで成熟に要するという脳科学の知見等を取り入れた若年者への特則が設けられています。特則の内容として、教育的・支援的な処遇を活用して拘禁・施設収容処分は限定していること、社会内処遇の多様化・充実が図られ、拘禁処分と組み合わせた社会内処遇の活用も図られていること、少年の非行・犯罪に関わる関係諸機関の連携強化を目的とした専門チーム(YOT)や中心となる機関(社会福祉委員会)を設けて、必要な活動が強力かつ実効的に進められていることなどが注目されるところです。

このような動きの背景には、アメリカやイギリスのように、世論の声に応えて厳罰化を進める一方、財政負担の観点から、コスト・パフォーマンスを重視してできるだけ拘禁を抑制し、社会内での処遇を展開する動きと、人間性尊重・共生社会を目指す北欧諸国の動きという、二つの異なった考え方があります。しかし、考え方には大きな違いがありながら、少年法制に対する現実の政策には一致する点が多いのは興味深いことです。いずれの国も、重大事件や治安の悪化などを契機に保護か厳罰かの狭間で色々と悩んでいる点も共通しています。

第五章　日本の少年法制の生成と展開——その特徴

少年法、特にその改正問題や今後の課題を理解するためには、諸外国のほか、我が国の少年法制がどのような歴史をたどってきたのか、主なできごとをふり返ってみることも不可欠だと思います。本章でできる限り紹介したいと思います。

明治以前の制度

我が国では、罪を犯した幼い者に対する刑についての寛大な措置や、棄児養育米給与などの福祉的な施策は、封建時代から種々採られていたようです。しかし、これらは、中央集権化がまだ不徹底だった政治体制から当然ですが、全国統一されたものではありませんでした。

年少者の刑罰に関する特則としては、江戸時代までの律令制度においても、八歳未満の者による犯罪には刑罰を科さないこと、一七歳未満の年少者の犯罪に対しては刑の減軽を行うことが定められていました。

明治以降、法制度全般が近代化されていきましたが、刑罰の近代化・人道化などが追求されるという時代背景の中で、以下のように、少年法制が生成、展開されてきました。

旧刑法

日本は明治維新により開国し、諸外国との不平等条約改正などのため法制度の近代化を急ぐなかで、刑罰制度も急速に近代的な法制度が受け入れられました。刑法については、明治政府が法律顧問として招聘したフランスの法学者ボアソナードが起草したものを翻訳して、一八八〇年(明治一三年)に刑法(旧刑法)が刑事訴訟法(治罪法)とともに導入されました。旧刑法には以下の少年の犯罪に関する特則が設けられていました。

犯行時一二歳未満の者は、刑罰を科されない刑事未成年とすること、犯行時一二歳から一六歳未満(一五歳)の者は、判断能力(弁別能力)がなかった場合には刑罰を科されないこと、弁別能力がある場合には罪二等(二段階。たとえば、死刑→無期→懲役一五年)刑を軽くすること、犯行時一六歳以上二〇歳未満(一九歳)の者には罪一等(一段階)刑を軽くすること、これらの特則によって刑を科されない八歳から一六歳未満の者は、成人の施設とは区分された施設(監獄付設の懲治場)に収容できることとされました。

幼年監の試行

他方、囚人(受刑者)を処遇する現場でも年少者に対する特別な運用が以下のように試みられていました。

一九〇二年(明治三五年)に、埼玉県監獄署川越支署(川越少年刑務所の前身)で、川越児童保護学校の名称で、試験的に学科教育、実習を中心とした斬新な教育的な処遇が実施されました。罪を犯した少年受刑者等に対して、監獄内での受刑者の分類・再編を行って男子幼年囚と八歳から一六歳未満の懲治人(懲治場収容者)を集め、教育的な成果を上げたのです。この試行自体は行きすぎだと厳しく批判されてしまいましたが、その後、各地でも同様の試行が行われて広まっていきました。

感化法等の福祉的対応

不良少年を立ち直らせるもう一つの動きとして感化教育事業があります。感化教育を目指す人たち(感化教育主義者)は、少年らには、育て直し、保護が必要であり、監獄に付設された懲治場の処遇では十分でないと考えました。このような考えに基づいて、池上雪枝(神道)、高瀬真卿(石門心学)、千葉仏教会、留岡幸助(キリスト教)などの宗教家や民間篤志家が、全国各地に民間の感化院を設けて、不良少年らに対する感化教育事業を展開しました。このような動きを受けて、一九〇〇年(明治三三年)に感化法が成立し、内務省所管の下で感化院が整備されていきます。しかし、公立の感化院の設立・維持は財政的な負担などが障害となって、当初設立されたのは東京、大阪等五か所に止まりました。その後、一部を国庫負担とするなどの改革がなされて、一九一一年(明治四四年)以降、感化院は全国的に設けられました。また、一九二二年(大正一一年)に旧少年法が成立し翌年施行されたため、一四歳以上の者に対しては旧少年法、一四歳未満の者に対しては感化法が原則として扱うという二本立ての制度となりました。結局、これがその後引き継がれています。

その後、第一次世界大戦後の社会的貧困に対応するための諸制度が設けられましたが、その中で非行少年に関係する福祉的な制度としては、以下のものが設けられています。

一九三二年(昭和七年)の救護法では、一三歳未満の貧困児童等がその対象とされました。

一九三三年(昭和八年)の児童虐待防止法では主に一四歳未満の児童が対象とされました。また、同年、感化法に代わる少年教護法が成立して、感化院が教護院と呼び変えられました。教護院内には少年鑑別所が設けられ、虞犯少年もその収容の対象とされました。なお、教護院は、その後、児童自立支援施設と改称されて、既に触れたように、今日の保護処分を受ける施設の一つとして現在も引き継がれています。

一九三七年(昭和一二年)に、母子保護法が制定され、一三歳未満の子を持つ貧困な母子の救済が図られました。同年には、保健所法も制定されて保健所が設置され、救護法で認められていた母子寮の整備も行われました。

第二次世界大戦後には、社会的な混乱の中での浮浪児、戦災孤児、不良児童、不良少年などが激増しました。これを受けて、一九四七年(昭和二二年)に、少年教護法、児童虐待防止法、母子保護法を取り込んだ新法として、児童の福祉増進を目指す児童福祉法が制定され、旧来の少年鑑別所の業務は児童相談所に移されました。

旧少年法(大正少年法)

一九一一年(明治四四年)ころから犯罪少年、不良少年に対する特別法が検討され始めました。その背景には、日清戦争、日露戦争に伴う社会的混乱の中で不良少年、犯罪少年が増加し、懲治場や感化院では十分な対応ができなかったこと、一九〇七年(明治四〇年)に旧刑法に代わって施行された刑法では、刑事責任年齢を一四歳に引き上げたうえ、少年の減軽や懲治処分の規定を廃止したため、一四歳未満の少年が犯罪を起こした場合に対応する必要が生じたこと、アメリカの少年裁判所など外国の少年法制が紹介されたこと、少年犯罪の原因を性格・環境に求める少年裁判所設置運動などの影響、激増する少年犯罪の鎮圧・予防を目指す刑事政策的合理主義の主張や人道・博愛主義の主張の高まり、などがありました。

当初の少年法案とその修正

司法省は、アメリカの少年裁判所とともにドイツの少年法制なども参考として、責任追及主義と保護主義を併存させる日本型の少年法を目指しました。当初の法案では、少年の年齢の上限(少年年齢)は、民法と同じ二〇歳未満とすること、特定の重罪以外の少年犯罪全件を扱う少年審判所を設けること、少年審判官は判事とし、少年審判所に刑罰と保護処分の選択権を認めるとともに、触法少年、虞犯少年に対しては、少年審判官と参与員による簡易・懇切な審判を行う少年審判所を併設して運用するというものでした。当時としては、非常に先進的で優れた法案であったと思われます。

しかし、この法案は、第一次世界大戦の影響に加え、感化教育主義者や感化院を所管する内務省などの激しい反対を受けたことなどから、審議に非常に長期間を要し、一九二二年(大正一一年)にようやく、旧少年法が成立しました。しかも、当初の法案からは大幅に修正されました。

旧少年法の概要

修正の結果、旧少年法では、民事成年が二〇歳のところ、少年年齢は一八歳未満とされました。また、少年審判の対象犯罪から、内乱罪等が除外されたうえ、重罪および一六歳以上の犯罪少年については、検察官が不起訴とした事件を少年審判所に送致するものとされました。少年に対して刑罰を科すか、少年審判所が扱うかを検察官が決める検察官先議制です。さらに、少年審判所は行政機関とされて審判官は判事に限られず、少年の不服申立等も認められませんでした。

それでも、旧少年法によって、少年事件の専門機関として少年審判所が設けられた意義は大きく、一六歳未満の少年の重罪以外の犯罪については保護処分優先とされたこと、それ以外の事件でも不起訴とされた事件には検察官に少年審判所への送致義務が課されたため、実際には大半の少年事件が少年審判所に送致されていました。また、触法少年、虞犯少年も少年審判の対象とされ、少年審判所には保護・教育の経験のある少年保護司が配置されました。少年保護司は、少年の調査・報告、審判・刑事公判への出席・意見陳述のほか、処分の執行にも関与することとされ、少年保護司による社会調査、医師による心身の診察の制度も設けられたことなどの優れた特徴もありました。

少年審判所の権限

少年審判所の少年審判は、非公開で行われる職権主義的な審問とされました。少年審判所には、少年事件を審判不開始とすること、少年に刑罰の代わりとなる保護処分を課すこと、課した保護処分の事後的な取消・変更をすることが認められていました。

刑・処分の特則

このほか、旧少年法には、少年に対する死刑・無期刑の制限、不定期刑、刑の減軽・緩和、仮出獄の拡大、刑事公判への保護者の呼出し、刑事裁判所から少年審判所への移送、少年時の犯罪で刑を科された者への資格制限の緩和、少年の勾留の制限、取扱いの分離、新聞紙等への掲載禁止などの規定も設けられていました。

旧少年法の運用状況等

少年審判所は、当初、東京、大阪のみに設置されましたが、徐々に全国的に設置されていきました。少年に対する処分は、刑罰は数％で、六割から八割の事件は保護処分、しかもその大半は訓戒等の社会内処遇とされていました。もっとも保護処分は利益処分と位置づけられていたため、少年の不服申立ての制度は設けられませんでした。

旧少年法には、その限界・問題点の指摘や消極的な評価もみられますが、このように、我が国最初の非行少年を専門に扱う機関と独自の保護処分が創設され、現行少年法にも引き継がれている規定、独特の注目すべき規定なども設けられていました。

検察官先議制についても、先ほどみたように保護優先的な運用がなされていたこと、重大事件等における処罰要求、少年の権利保護などの要請には刑事手続で対応していたという評価も可能ではないかと思います。

また、少年法をめぐる内務省と司法省との縄張り・主導権の争いなどの激しい確執、国家全体が戦時体制へ移行したことによる保護・教育主義への制約など、法制度の外に大きな阻害要因があったことにも留意すべきでしょう。

現行少年法の成立の経緯と問題点

戦後、日本国憲法が成立し、新憲法下の法制改革の一環として、旧少年法を全面的に改正する形で現行少年法が一九四八年(昭和二三年)に成立し、一九四九年(昭和二四年)に施行されました。

その内容については既に説明しましたが、旧少年法からどのように変化したのかをみてみます。現行少年法では、少年の上限を二〇歳未満まで引き上げたこと、家庭裁判所を創設したこと、検察官先議制を改め、全件送致主義の下、家庭裁判所が刑事処分の選択をも行う家裁中心主義がとられたこと、少年の健全育成、保護処分優先を目的に掲げたこと、保護処分に少年側の抗告を認めたこと、呼出・同行に令状を要求したこと、刑事手続の証拠調べの規定を準用し、少年の権利保護が図られたことなどです。なお、現行少年法の当初の規定では、少年保護事件のほか、少年の刑事事件、少年の福祉を害する成人の刑事事件にも特則を設け、一六歳未満の少年は刑事処分から除外されていました。

しかし、捜査・刑事公判に関する特則は、ほとんど設けられておらず、旧法にみられた少年保護司の刑事公判への調査報告や関与などは引き継がれませんでした。

このような改革となった背景には、終戦直後で連合国軍総司令部（ＧＨＱ）を通じて、当時、国親思想が全盛期を迎えていたアメリカ少年裁判所の影響を強く受けたことがあります。また、検察官先議制から家裁中心主義への変更については、司法省を引き継いだ法務省・検察庁からの強い反対があったため、この点が改正論議の中心となりましたが、ＧＨＱの支持を受けた家庭裁判所中心の改革となりました。

その結果、現行少年法は、少年に対する特別な手続を維持し、保護処分、科学調査の充実が図られるなど、非行少年に対する処遇決定の手続としては、より優れたものとなったということができます。

しかし、その反面、全件送致主義によって、重大事件や非行事実の認定が問題となる事件も家庭裁判所が扱うことになったにもかかわらず、非行事実の認定手続の改革・整備は検討もされませんでした。このため、現行少年法は、初めから非行事実の認定などについて、問題を孕んだ船出となってしまったわけです。

終章

少年法の将来——少年法の改正問題と今後の課題と展望

一　少年法改正の動き――第一次改正論争

以上に見てきた現行少年法成立の経緯から想定できることですが、少年事件の審判・処分の決定から、いわば「締め出された」法務・検察側には、現行少年法施行当初からその権限回復を目指す動きがあったようです。それが顕在化したのは、一九六六年(昭和四一年)の法務省による「少年法改正に関する構想」(改正構想)の発表です。改正構想では、少年年齢を一八歳未満に引き下げたうえ、一八歳から二二歳を「青年」とし、青年の手続は原則、刑事訴訟手続として検察官が保護処分相当と認めれば家庭裁判所に保護処分の請求をすること、青年の審判は家庭裁判所で行いますが、検察官が審判に出席して意見を述べることができるようにすることなどが提案されていました。

この改正構想には、警察庁が支持を表明しましたが、日弁連と最高裁判所が反対し、学界や新聞等もおおむね批判的でした。そのころ、ほぼ時を同じくして、アメリカ連邦最高裁判所が、ケント判決(一九六六年)、ゴールト判決(一九六七年)等において少年裁判所の手続を批判し、少年裁判所の手続にも、少年に非行事実を告知したり、弁護権、黙秘権、反対尋問権を保障するなどの適正手続の保障を要求しました。

法務省は、一九七〇年(昭和四五年)に、この適正手続論も取り入れて、改正構想を修正した少年法改正要綱(改正要綱)を法制審議会に諮問しました。改正要綱には、一八歳未満を少年、一八歳、一九歳(二〇歳未満)を青年とし、青年の手続は、刑事訴訟法その他一般の規定により検察官が起訴すること、少年および青年の刑事事件の管轄は、家庭裁判所とし、家庭裁判所は、その刑事事件については、一定の重罪を除いて、刑に代えて保護処分に付することができるものとすること、少年・青年の被疑事件は、捜査機関による不送致処分、検察官による不起訴処分を認めること、少年の保護事件について、適正手続保障のため、供述拒否権、附添人選任権の告知等の規定を設け、国選附添人制度を採用し、保護処分を多様化し、その取消変更もできるようにすることなどが盛り込まれていました。

法制審議会では、一九七〇年(昭和四五年)七月から少年法部会を設けて審議が開始され、激しい議論が戦わされました。しかし、青年層の設置については、要綱に賛成する意見と、年長少年の刑罰強化は、少年法の健全育成の理念に反するとする裁判所関係者、弁護士、学者の反対意見が激しく対立したまま、約五年を経ても合意形成の見通しが立ちませんでした。そこで、「青年層」問題を棚上げにして、適正手続の保障や保護処分の多様化等を中心に大方の賛成が得られるところでまとめることに方針転換され、一九七六年(昭和五一年)一一月に少年法部会で中間報告をまとめ、一九七七年(昭和五二年)六月に総会においてこれが可決されて答申(中間答申)が行われました。

中間答申も、日弁連や研究者の反対が強かったことから法改正は進みませんでした。しかし、少年に対する権利告知、付添人の意見陳述、自白法則等の証拠法則の適用、試験観察期間の限定などについて運用上の改革が進められました。また、事件の不送致については、最高裁、最高検、警察庁の申合わせによって、既に説明した警察による簡易送致が実施されるようになりました。

二 少年法改正――平成一二年(二〇〇〇年)改正

二〇〇〇年(平成一二年)に行われた少年法の改正には強い批判もみられます。しかし、先ほど触れたように、これは現行の少年法の成立過程で検討されずに積み残されていた非行事実を認定する手続の問題点について、少年審判実務の経験のある裁判官等からの要望をきっかけとして行われたものです。問題点の指摘は、すでに散見されていましたが、一九九四年(平成六年）ころから具体的な改正提言が発表されました。私も最高裁判所から派遣されて、非行事実の認定手続改革の前提となる英、米、独、仏の現地調査を行いました。そして、その調査結果をも踏まえて、他の裁判官らとともに、非行事実認定手続の整備のため、①合議制、②家庭裁判所の要請による検察官の審判出席、③検察官の抗告権、④国選付添人の制度、⑤観護措置期間の伸長、⑥非常救済手続の整備などを提言しました。

この提言などを受けて、一九九八年（平成一〇年）に法制審議会の少年法部会で審議が行われました。その結果、①から⑥の制度に加えて、犯罪被害者等に審判結果を通知する制度も盛り込んだ答申案が同部会での採択、総会の承認を得て一九九九年（平成一一年）に法務大臣に答申され、改正法案が国会に提出されました。

しかし、検察官の審判出席と観護措置期間の伸長については、国会でも特に反対論が強く、十分な審議が行われないまま、二〇〇〇年（平成一二年）六月の衆議院解散によって廃案となりました。ところが、当時、豊川市主婦殺害事件、佐賀バスジャック事件などの少年による凶悪事件が続発したため、少年の厳罰を求める世論が盛り上がりました。これを受けて、同年九月に議員提案（いわゆる議員立法）で、処分のあり方の見直し、犯罪被害者等への配慮の充実と併せて、①〜⑥の非行事実認定手続の改革を盛り込んだ新たな改正法案が提出され、一部修正のうえ、同年一一月に成立したのです。

これが平成一二年改正ですが、処分のあり方の見直しとして、逆送年齢の一六歳を一四歳に引き下げたこと、犯行時一六歳以上の少年による故意の生命侵害犯(殺人、傷害致死等)の原則逆送、刑の緩和の限定などが行われました。また、犯罪被害者への配慮の充実として、既に提案されていた被害者に対する審判結果の通知に加えて、被害者による事件記録の閲覧謄写、被害者への意見聴取が盛り込まれました。

平成一二年改正では、非行事実認定手続について①〜⑥の改革が行われましたが、第二章で説明したように、②の検察官関与事件が重罪に限定されたこと、③の検察官の抗告権が高等裁判所の裁量による抗告受理の制度に変えられたこと、⑤の観護措置の延長期間が一二週間から八週間に短縮されたこと、など大きな修正が加えられました。

三　平成一九年(二〇〇七年)改正

二〇〇三年(平成一五年)に起きた長崎の中学一年生による男児殺害事件、二〇〇四年(平成一六年)に起きた佐世保の小学六年生による同級生殺害事件を契機として再び少年法改正が議論されました。二〇〇五年(平成一七年)の法制審議会の審議・答申を経て、①警察による触法・虞犯少年の調査権限、重大触法事件の送致手続の整備、②一四歳未満の少年の少年院収容、③保護観察の条件違反への不良措置、④国選付添人の範囲の拡充などを盛り込んだ改正法案が国会に提出されました。この法案は、衆議院解散による廃案、その後の再提出、継続審議を経て、二〇〇七年(平成一九年)に一部修正のうえ成立しました。この改正では、①について、虞犯少年に対する調査権限を削除し、②の少年院収容下限の撤廃をおおむね一二歳を下限とするなどの修正がなされました。この改正にも厳罰化だという批判はありますが、この①〜④は、既に説明してきたように、いずれも実務上懸案とされていた問題の改善を図ったものといえます。つまり、①の触法少年の調査権限は、これまで規定がなく、特に強制処分ができなかった点を改善し、事件の送致手続は、重大事件でも家庭裁判所に送致されなかった事例に対応できるようにしたもの、②は、少年院の収容下限が一四歳で触法少年の少年院送致に全く対応できなかった点を改善したもの、③の保護観察の不良措置は、保護処分の保護観察には、他の保護観察と異なり、保護観察に服さない条件違反者への不良措置がなく、指導監督の実効性が担保できなかった点について保護観察所長が警告し、重大な違反が改まらない場合に少年院等の施設への送致を申請できる制度を設けて改善したもの、④の国選付添人の範囲は、拡充の要望に一部応えたものなのです。

四　平成二〇年(二〇〇八年)改正

二〇〇四年(平成一六年)に成立した犯罪被害者等基本法に基づく犯罪被害者等基本計画で、被害者等の被害に係る刑事に関する手続(少年事件を含む)への参加の機会を拡充するための制度整備が求められました。これを受けて、刑事手続については、被害者参加を含む刑事訴訟法改正等で対応する改革が行われました。そこで、少年法についても被害者への参加の機会を与えるかなどが問題となりました。

少年審判については、二〇〇八年(平成二〇年)二月の法制審議会の答申を受けて、①被害者の死亡または重大な傷害を負わせた事件について、被害者等の申出による少年審判の傍聴の裁量的許可、②被害者等による記録の閲覧・謄写の範囲拡大、③被害者等の申出による意見聴取対象者の拡大と、④成人の刑事事件の地方裁判所への移管などを盛り込んだ改正法案が国会に提出されました。

この法案のうち、①の審判傍聴については、許可基準の明示、少年等への配慮、弁護士付添人からの意見聴取などを加え、触法少年事件の範囲が限定されたほか、被害者等の申出による家庭裁判所による審判期日における審判状況の説明の規定などを設ける修正が行われて、同年六月に成立し、同年一二月から施行されました。

このように①は、犯罪被害者等基本法の方針に沿う改正です。しかし、少年法において重要な原則である手続非公開の例外を認めるもので、保護・教育主義の審判手続の基本に関わる重要な改正でした。このため、立法段階でも、少年の健全育成に悪影響を及ぼさないように配慮を求める修正の規定が追加され、国会で付帯決議がなされるなど問題意識は共有されていました。今後も家庭裁判所による適切な運用が求められているところです。

なお、④は、成人が加害者、少年が被害者となる児童福祉法違反などの刑事事件は、少年の保護と関わることから、これまでは家庭裁判所だけで扱うこととしていました。しかし、そのような成人は暴力団関係者などが多く、地方裁判所にも事件が起訴されている場合も多く、事件の処理が複雑になるなどの実務上の問題点を解決するために、併せて改正されたものです。

五　平成二六年（二〇一四年）改正

平成二〇年改正では附則で改正から三年後に見直すことが求められていたため、その検討が行われました。結果を受けて、法制審議会に諮問がなされ、その答申を受けて、二〇一四年（平成二六年）に①国選付添人および検察官関与の対象となる事件の拡大、②少年に対する刑の改正が行われました。

①は、平成一二年改正では、㋐国選付添人選任事件と㋑検察官の関与できる事件の範囲は同一とされたうえ、その対象を重い罪に限定していました。しかし、非行事実が争われる場合には、それぞれの事件の性質、証拠の複雑さなどによって証拠調べの必要性、証拠判断の困難さなどが生じるので、事件の重大さと検察官関与および付添人選任の必要性は必ずしも直結しません。法定刑がそれほど重くない事件でも、証拠関係が複雑な場合や事実認定が困難で多角的な検討が必要となり、検察官を関与させる必要がある事件もあります。そこで、その対象を主な事件（当時の被疑者国選弁護事件と同じ範囲の事件）まで拡大しました。これは、捜査段階で被疑者に国選弁護人が付いた少年事件が家庭裁判所に送致された場合、国選付添人の範囲が限定さ

れていて国選付添人を選任できないという事態を解消しようとしたのです。また、平成一二年改正で㋐国選付添人選任と㋑検察官の関与の範囲を同じにしたのは、国費で付添人が選任されるのに検察官の審判出席が一切認められないのでは、被害者を始めとした国民の理解が得られないという考えによるものでした。

②の刑の改正は、少年には、三年未満の懲役刑・禁錮刑では定期刑しか科せなかったのを改め、不定期刑を科せるようにしたこと、不定期刑の短期の上限五年を一〇年に、その長期の上限一〇年を一五年に、無期刑を減軽した定期刑の上限一五年を二〇年にそれぞれ引き上げました。この改正にも、厳罰化という批判があります。しかし、基本的には生命侵害犯などの重罪に関して、成人の刑が、先行して二〇〇四年(平成一六年)に、有期刑の上限が一五年から二〇年に、無期刑を減軽した刑の上限が一五年から三〇年に、それぞれ引き上げられている結果、少年の刑との差が拡大してしまい、成人との共犯事件などの場合、適正な量刑が困難になっていたことに応えるようにしたものです。

六　今後の改正問題

現行少年法の主な改正についてその経緯・議論などをみてきました。いずれの改正も厳罰化といった批判も少なくありません。もちろん、それぞれの改正・改革には議論の余地がありますし、私にも異論がないわけではありません。しかし、それぞれの改正が、主として少年審判の実務上生じていた必要性や問題点に応えようとして行われてきたものであることは、おわかりいただけたのではないかと思います。

そして、令和の大改正ともいうべき、少年年齢の引下げに関する改正法案が国会に提出され、議論の末、成立しました。この改正に関する議論は、少年法の本質に関わるものであり、私も法制審議会の委員として関わりましたので、少し詳しく紹介しておきます。

少年年齢の引下げ等

少年法の対象の上限となる少年年齢については、既に触れたように、旧少年法の制定時、現行少年法の第一次改正論議でも問題とされてきた点です。今回は、二〇歳を一八歳に引き下げるべきかという形で問題とされました。

少年年齢引下げは、年長少年の重大事件などをきっかけとした厳罰化論とも関連して提起されてきました。第一次改正論議の契機でもありましたし、今回も、二〇一五年(平成二七年)に起きた川崎市中一男子殺害等事件なども契機となっていると思います。しかし、今回の年齢引下げ論議は、選挙権年齢・民事の成年年齢が改正により、一八歳に引き下げられたことの影響が主な改革の理由とされています。

まず、二〇〇七年(平成一九年)に成立した日本国憲法の改正手続に関する法律(国民投票法)で憲法改正のための国民投票の投票権年齢が一八歳以上とされました。さらに、二〇〇九年(平成二一年)に法制審議会が民法の成年年齢を一八歳に引き下げることが適当であると答申し、二〇一五年(平成二七年)の公職選挙法の改正で選挙権年齢が一八歳に引き下げられました。こうしたことを受けて、二〇一七年(平成二九年)、法制審議会に①少年年齢引下げと②犯罪者の処遇の充実に関する諮問が行われました。法制審議会では、少年法・刑事法(少年年齢・犯罪者処遇関係)部会(以下、部会と略します)での審議が開始されました。

この審議中の二〇一八年(平成三〇年)六月に、民法の成年年齢を一八歳に引き下げる改正が成立しました。二〇二二年(令和四年)四月一日からの施行が予定されています。

審議の経過等

法制審議会の部会では、少年年齢引下げに対する賛成論と反対論が激しく対立しました。しかし、賛成・反対、どちらの立場からも、現行少年法の調査、審判、保護処分等の制度が少年の再犯防止などに有効に機能しているということについては、異論がみられませんでした。

そこで、少年年齢が引き下げられたとした場合に生じる悪影響の解消にも役立つと思われる犯罪者の処遇の充実について、先行して議論することとされました。この犯罪者の処遇の充実に関しては検討事項が多岐にわたるため、三つの分科会を設けて検討し、その検討結果を前提として、部会において、これらが少年年齢引下げ反対論の懸念に対する有効な代替措置となるかどうかも含め、議論が進められました。しかし、有効な代替措置となるという合意は得られず、両論が対立したまま膠着状態に陥りました。

そこで、一律に年齢を引き下げるのではなく、事件の軽重に応じて検討すべきだという中間的な立場から、重大事件については実質的に引き下げて成人並みに扱う一方、それ以外の一般的な事件については、有効性が認められている現行の少年審判手続、保護処分等を実質的に維持し、その利点を生かすべきであるという提案がなされました。以降、その方向で審議が進められて答申がまとめられました。具体的には、二〇二〇年(令和二年)九月に答申案が取りまとめられ、同年一〇月の総会でそれが答申とされました。これを受けて法務省で改正法案を立案し、二〇二一年(令和三年)二月に改正法案が閣議決定され、通常国会にその改正法案が提出され、審議が行われました。

最初の事務当局が整理した論点表では、少年年齢を一八歳に引き下げる問題点の検討と、代替案として検察官が起訴しない事件だけを家庭裁判所に送り、保護観察を中心とした保護処分に準じた「新たな処分」をするという提案がなされていました。それが最終的には、現行少年法の重要な部分はほぼ維持される方向でまとめられたことは、審議を重ねた成果といってよいと思います。

なお、部会の審議内容は、委員等の実名入りの議事録(速記録)および配布資料が法務省のホームページの「過去の審議会等」の項目の中で公開されていますので、関心のある方はご覧下さい。審議等の透明性確保の必要性は、種々の問題で力説されていますが、このように公開されることで、委員としての発言の責任の重さを強く感じました。同時に、この透明性が適正な審議、妥当な取りまとめの担保に大きな力となったと思っています。

七　答申の概要

少年年齢の引下げについて

一八歳、一九歳は、選挙権等を付与され、民法上も成年と位置づけられました。しかし、類型的に未だ十分に成熟しておらず、成長発達途上で可塑性のある存在ですから、刑事司法制度では、少年（一八歳未満）とも成人（二〇歳以上）とも異なる取扱いをすべきだとして、以下の特則を設けるものとされました。その名称は、最終的には「特定少年」と呼ばれることになりましたが、一八歳、一九歳に対する中間層的な扱いを認めたものです。

まず、少年に準じた扱いとしては、一八歳、一九歳の犯罪少年を家庭裁判所へ全件送致すること、家庭裁判所における調査・審判などのあり方は基本的に維持すること、家庭裁判所の処分として、不処分、現行の保護観察・少年院送致に準じた処分を設けること、逆送後の起訴強制、捜査段階における勾留の特則・成人等との取扱いの分離、刑事裁判所から家庭裁判所への移送、公判請求されるまでの推知報道禁止は維持することとされました。

成人に準じる扱いとしては、一八歳、一九歳には、虞犯少年に関する規定の適用を除外すること、原則逆送事件の対象を強盗、強制性交、放火等も含む短期一年以上の懲役・禁錮に当たる重罪に拡大すること、刑事手続の特則のうち、逆送後の勾留の制限、取扱いの分離を外すこととされました。また、一八歳、一九歳は、正式に起訴された後は、成人並みに扱われ、推知報道の禁止、不定期刑、刑の執行の分離、仮釈放の特則、労役場留置の禁止、資格制限の特則は適用されないこととしました。

犯罪者の処遇の充実――自由刑の単一化

これは成人も含む犯罪者全般に関わり、内容は多岐にわたります。項目だけ挙げておきますと、①自由刑の単一化、②若年受刑者に対する処遇調査の充実、③若年受刑者に対する処遇原則の明確化等、④刑の執行段階における被害者等の心情等の聴取・伝達制度、⑤刑の全部執行猶予制度の拡充、⑥保護観察の仮解除の活用促進、⑦保護観察処遇の充実等、⑧犯罪被害者等の視点に立った保護観察処遇の充実、⑨保護観察における少年鑑別所の調査機能の活用、⑩更生保護事業体系の見直し等、⑪更生緊急保護の対象拡大等です。

このうち、少年事件も含めて、影響が大きいのは、①自由刑の単一化です。現在、刑事施設(刑務所)に受刑者を収容する自由刑は、刑務作業を義務づける懲役刑とそうでない禁錮刑に分けられていますが、これらを統合して「新自由刑」とするものです。

既に触れたように、懲役刑は刑務作業が原則とされているため、受刑者の処遇プログラムなどは有効であったとしても、余暇時間等に付随的にしか実施できませんでした。この刑務作業中心を改め、各受刑者の問題に即した改善更生のためのプログラムなどを十分に実施できるようにするための改革です。自由刑の単一化は、かなり以前からその必要性が指摘され、長年の懸案とされていたものですので、少年、若年者も含め、犯罪者の処遇充実のため、一歩前進ということができます。

八　少年年齢引下げを考える

今回の議論には、少年法の本質的な問題点が反映されており、少年法を理解することに役立つと思いますので、その内容について補足しておきます。

少年年齢引下げ賛成論の論拠

一八歳、一九歳の者は民法改正により、親権に服さず、契約など民事上の取引も一人前に行える自律した存在とされました。したがって、国家が後見的に介入する保護主義に基づいて少年法で課される保護処分などは、正当化されなくなること、法律による成人年齢は一律である方が国民にとってわかりやすいこと、少年年齢の引下げは、成人の自覚を促す趣旨でも適切であり、選挙権年齢、民事成年の引下げとも整合すること、犯罪被害者等から少年年齢引下げは犯罪の抑止につながるという指摘があること、公職選挙法や民法で責任ある行動がとれると認められた者が犯罪の処罰についてだけ少年法で保護され、刑の減軽や保護処分を受けることは不当であり、国民の寛容に期待することも困難であること、諸外国でも一八歳を少年年齢としているところが多いことなどが挙げられています。

もっとも、諸外国の少年年齢が一八歳だという点は、正確な実情を前提として議論すべきだという指摘がなされたため、論拠として強調はされませんでした。第四章で触れたとおり、諸外国でも二〇代前半を若年者として実質的な手続・処分の特則が設けられているからです。

少年年齢引下げ反対論の論拠

これに対し、反対論の人たちは、以下のように主張しました。法律の適用年齢は、各法律の立法趣旨に照らして個別に定められるものであり、民法、公職選挙法等と一致させる必要はないこと、刑罰の威嚇によって少年に犯罪・非行を思い止まらせることは困難であること、重大な事件については、既に原則逆送や刑の引上げなどのこれまでの法改正によって相当程度対応されていること、現行少年法による社会調査、少年審判、保護処分、資質・環境の問題点に即した教育的措置などは、少年の再非行を防止し、その立ち直りを図るために有効に機能していること、一八歳、一九歳の犯罪者が成人同様に扱われると、微罪処分、起訴猶予、罰金、執行猶予などによって実質的に放任されてしまう場合がほとんどとなり、保護処分による処遇のほか、家庭裁判所の調査・審判の過程で行われている資質・環境上の問題点についての調査分析、問題性に即した教育的措置などの機会が失われてしまうこと、実刑になって受刑する場合でも少年院のように対象者の個別の問題性に即した対応は困難となること、一八歳、一九歳の成熟度は以前よりも低くなっており、脳科学の知見によっても、発達途上で可塑性が高く、教育的な働きかけの有効性が認められていることなどが挙げられています。

なお、年齢引下げによる犯罪者への働きかけの問題については、「新たな処分」などの代替的な措置を設けることで対応可能であること、脳の発達だけでどの程度責任を負わせるかを決めるのは相当ではないという反論がなされました。しかし、新たな処分は、検察官が起訴しない事件に限定され、施設収容処分も十分ではないことなどが強く指摘され、代替的な措置として有効だという合意は得られませんでした。

賛成論・反対論のそれぞれ問題点をみてみましょう。

後見保護的介入の限界について

引下げ賛成論が指摘する国家の介入の限界については、国家による親権の代行・補充という考え方(国親思想、保護原理)が、今後親権から外れる一八歳、一九歳には妥当しないという点はそのとおりです。しかし、少年に対する特則・保護処分等が行われる根拠は、保護原理だけではなく、少年が犯罪や非行を行い他人の権利・利益を侵害したことを理由とすること(侵害原理)、再犯を防止し立ち直りを図るために教育的な特則が有効であること(刑事政策的有効性)にもよっていますから、親権を外れても刑事政策的に有効な特則は設けることができるはずです。諸外国で若年成人(二五歳程度)にも少年に準じた特則が設けられているのは、このような考え方によっているといえます。

また、成人の自律性を原則とする後見・保護的な介入の限界論についても、未成年者(二〇歳未満)の飲酒・喫煙の禁止、ギャンブルの規制、消費者保護の規制などについては、民法が改正されても維持されており、成人に対する後見的な介入がすべて禁止されているわけではありません。現在、我が国では成人には、そのような介入が少ないだけで、必要性・合理性のある介入を行うことは成人にも可能なはずです。既に説明したように、北欧などでは、成人でも、老年者、障害者、困窮者、薬物依存・ギャンブル依存者などに対する後見的な介入が実際に行われています。その範囲をどうするかは立法政策の問題でしょう。もっとも、公的介入を拡大する場合には、十分な手続の保障をすることが不可欠です。スウェーデンで、福祉的な措置・介入についても行政裁判所への不服申立が幅広く認められていることも留意すべきところです。

なお、成人に対する処分には罪と罰の均衡が要求されるという引下げ賛成論の主張にも正しいものがありますが、この点は、答申で一八歳、一九歳に対する処分の決定が「犯罪の軽重を考慮して相当な限度を超えない範囲」に限定されたことで解決が図られています。少年の問題性を重視して非行が重大でなくても少年院に収容するような処分は限定されることになりますが、少年審判の実務でもほとんどの事件では少年の犯罪の軽重、年齢などを考え、罪と罰の釣り合いは相当程度考慮されています。したがって、この制限によって処分の選択に、特に一八歳、一九歳では、大きな支障が生じることはないと思います。

犯罪抑止、社会の寛容の限界

年齢引下げ賛成論からの犯罪抑止、寛容の限界についての指摘は、少年に対する刑の上限（懲役一五年）では賄えないような重大・凶悪事件には妥当するといえます。また、非行少年に厳しく臨めという立場の人が少年年齢引下げを主張しているのは、刑事手続や刑罰の方が厳しく、少年審判や保護処分は甘いという認識に基づくのだと思います。しかし、死刑、無期、一五年を超える懲役に相当するごく一部（年間数十件程度）の重大事件以外のほとんどの少年事件については、そうとはいえないのです。

まず、成人は自律した存在とされていますので、公的な介入、特に刑罰による介入は、究極の人権侵害として厳選され、必要最小限度とされています。これに対し、既に詳しくみてきたように、未成熟な少年には支援的なものも含めてさまざまな働きかけ、処分がなされています。

客観的・冷静にみれば、すべて自分で責任をとり、自力で立ち直ることが求められるという点では、成人の手続・処分の方が厳しく、少年の手続・処分は甘いということもできるでしょう。しかし、犯罪者・非行少年で問題をかかえる者たちは、「うっせえな、関係ねえだろう」などと親、教師などに対応するように、介入を嫌い、負担に感じているのです。既に触れたように、私も、少年審判で、非行歴のあるすれた非行少年から、「裁判官、早く逆送してくれ」などと言われた経験もあります。

成人事件と少年事件の事件処理の実情の全般的な比較は、第三章で既に説明しました。ここでは、一八歳、一九歳について、これに一番近い成人(二〇歳、二一歳)との比較検討の結果を、審議会の資料から、確認しておきましょう。

二〇一八年(平成三〇年)の刑法犯の、成人(二〇歳、二一歳)に対する刑事手続では、軽微な事件は警察限りの微罪処分として終局するのが三四・四%あり、検察官が受理した事件のうち、四五・八%が起訴猶予となっています。起訴された事件のうち、罰金・科料を求める略式命令請求が一三・六%、公判請求(正式起訴)される者が三一・六%ありますが、その懲役刑判決の六二・八%に執行猶予が付されています。

結局、成人に対しては、実刑(三二五人)と保護観察付執行猶予(二三五人)となった全体の約四%の者以外には、再犯防止のための働きかけは行われないことになります。

これに対して、一八歳、一九歳の者の少年審判では、ごく軽微な事件は二五・七%が簡易送致とされますが、それ以外の事件は、家庭裁判所において、審判不開始三六・三%、不処分一九・八%、保護観察三一・三%、少年院送致一一・六%、検察官送致一・二%とされています。既に説明したように、審判不開始のほとんどのケースでは、調査官による社会調査の際の助言、指導等の教育的措置が行われています。不処分の場合には、それに加えて少年審判における裁判官の訓戒・説諭等の再犯防止のための働きかけが行われています。

このように長期の実刑になるごく僅かな事件以外の一般的な少年事件では、成人であれば起訴猶予や罰金で終るような事例でも、一八歳、一九歳は、少年として、問題改善の必要から、少年院送致、保護観察、少なくとも種々の教育的な措置を受けています。その調査、審判の過程で問題点を指摘されて内省を求められるうえ、既に触れたように、少年院では、贖罪教育や社会適応の訓練など、個別・専門的な指導をマンツーマンに近い形で担任教官から常時厳格、濃密に受けます。このような実情を知っている少年たちからは、先ほど述べたように、保護処分の方が大変だという受け止め方がされているのです。要するに、少年法の手続・処分の方が刑事手続・刑罰よりも甘いということは、大半の事件では妥当しないのです。皮肉をいえば、厳しくするつもりで刑事手続・刑罰としてしまうと、すれた非行少年などは「助かった、ラッキー」と思っていることさえ少なくないのです。

少年年齢引下げ反対論の問題点

本書で詳しく説明してきたとおり、少年に対する調査・審判・保護処分などが、少年の再犯防止、社会復帰のための処遇として有効であることについては、正しい指摘ということができます。しかし、既に触れたように、少年法には保護・教育の要請とともに犯罪対策の要請に応えるという課題があります。少年法が犯罪を処罰する刑事法の特則として展開してきたという歴史的経緯や少年法が少年犯罪を規制しそれに対応する刑事司法の一翼を担っていること、ほかに代替策がないということからも犯罪対策の側面があることは否定できません。少年、特に一八歳、一九歳の重大・凶悪事件について、犯罪被害者や一般市民が、保護処分や刑の減軽・緩和等を厳しく批判し、強い不満を抱くことに対して、保護・教育的な処遇の有効性を強調するだけでは、その不満や批判に十分応えたことにはならないでしょう。

少年法と民法等は別だという主張も、民法の改正によって、一八歳、一九歳の者が親権に服さなくなったことから、保護者の権利・義務、保護者の監督を中核としている虞犯制度などについては、少年法も影響を受け、その解決が迫られることは明らかです。この点についても反対論から十分な解決は示されていません。

確かに、反対論が主張するように、一八歳、一九歳の虞犯による処分が除外されてしまうと必要な対応が不十分になるというおそれは否定できません。答申では、この点について、附帯事項の最初に「犯罪防止に重要な役割を果たしていると考えられる行政や福祉の分野における各種支援の充実した取組み」を求めています。

中間的な立場

読者もお気づきと思いますが、少年年齢引下げの反対論は、少年の特性に即した保護・教育の要請を重視しているのに対し、賛成論は、犯罪対策の要請を重視していると思われます。繰り返し述べてきたとおり、少年法では、この双方の調和こそ肝要なのです。

中間的な立場は、この双方の調和を図ろうという議論です。これまで指摘したように、賛成論、反対論、いずれにも解決し切れない問題点があり、法理的にどちらかが正しいとはいいきれません。実質的に考えてみても、一八歳、一九歳には、大人と子どもの中間的なところがあり、どちらかの扱いに一律に決めることには、そもそも無理があります。そうすると、少年年齢についての一八歳、一九歳の扱いについては、総合的な政策的判断によって妥当な制度を検討するべきだということになるはずです。その際、重大事件とそれ以外の一般的な事件を区分して、重大事件には犯罪対策の要請、一般的な事件には保護・教育的な処遇の有効性にできるだけ応えるようにすることが妥当だと思われます。第四章で紹介したように、諸外国で年齢・犯罪の軽重に応じた手続、処分の区分が行われているのも、このような考え方が表れているものだと思われます。

なお、再犯の防止、立ち直りのための処遇の有効性は、程度の差はありますが、若年者についても、少年同様の未成熟性、教育可能性の高さなどが類型的に認められますので、共通する限度で妥当するといえるものです。そうすると、今回は改正の経緯から一八歳、一九歳が中間的な扱いとされましたが、諸外国のように二五歳程度までを若年層として扱う、というあり方も将来的には検討するべきだと思います。

答申では、このような考え方に立って、①犯罪対策の要請に対しては、原則逆送の対象事件を拡大し、逆送後の少年の特則を除外し、実質成人並みに扱う事件を増やしました。②保護・教育の要請に対しては、家庭裁判所への全件送致、家庭裁判所における調査、審判の制度を維持し、処分についても実質的に維持するものとして調整を図っています。なお、少年の実名報道(推知報道)の禁止の原則についても議論が多かったのですが、正式起訴された後は、推知報道禁止が除外されるものの、正式起訴されない限り、一八歳、一九歳でも推知報道禁止の特則は維持されました。この結果、重大事件等は逆送され、正式起訴された後は成人並みの扱いになりますが、それ以外のほとんどの事件は現状維持となります。

重大事件は、件数は少ないですが、被害者はもちろん、一般市民の関心がもっとも高い事件です。この重大事件については、成人並みの科刑や取扱いが可能となり、その犯罪対策の要請に応えることができるものとなっています。また、ほとんどの事件では、一八歳、一九歳にも、少年法の優れた部分を維持することができると思います。

改正法案について

答申に基づいて立案された少年法、更生保護法、少年院法の関係規定の改正法案が国会に提出され、その審議が行われました。少年法では、保護者の意義を補正するほか、現行少年法の規定をほぼ維持しながら、一八歳、一九歳の者を「特定少年」として、現行法の末尾（六二条以下）に原則逆送の拡大、保護処分の特則、虞犯の除外等の特則を設けるというものです。

そして、二〇二一年（令和三年）五月二一日に改正法が原案どおり成立しました。特定少年の保護処分は、その種類を①六か月の保護観察、②二年の保護観察（条件違反の場合一年以内の少年院収容の不良措置付）、③三年以内の少年院送致（第五種少年院とされました）とし、各処分や期間は犯情の軽重（犯罪の軽重）を考慮して決めることとされました。

九　今後の課題

最後に、少年法の将来的な課題、見通しについて触れておきます。くりかえし述べてきたように、我が国の少年法制は、少年の問題性を解明して最適な働きかけをする特別な手続としては、優れた制度ということができます。問題があった点もこれまでの改正で是正が図られてきています。しかし、いまだに残されている課題も少なくありません。その主なものを指摘しておきます。

非行事実認定手続

平成一二年改正、平成二六年改正によって、非行事実の認定手続の大きな問題点は改善が図られてきたといえますが、審判手続のための身柄拘束期間の伸長、触法少年の身柄拘束制度の創設などが、既に触れたように、課題として残されています。また、現在運用に委ねられている少年の権利保護を明記する必要性も指摘されています。

少年に対する処分

処分の特則についての課題は、保護観察を含む社会内処遇の充実・多様化、施設内処遇と社会内処遇との連携の強化、児童福祉機関との連携、分担の強化など、諸外国が取り入れている仕組みに学ぶべきだと思います。

少年の刑事手続

少年の刑事手続には、公開の制限、専門家の関与など諸外国と同様の制度に改めることが望ましいと思います。ドイツやフランスのように担当する裁判官、検察官が専門性を持つことも望ましい事項でしょう。

裁判員制度は国民参加の制度として優れていると思いますが、少年事件に関しては、裁判官三人、裁判員六人(更に数人の予備裁判員)の下での公判では少年が萎縮してしまうおそれも高いと思われます。より少人数・小規模化させること、フランスやドイツのように、参加する市民に専門性を持たせたり、任期制とすることも検討すべき課題だと思います。

刑罰の改革

今回の答申では既に触れたとおり、刑罰の改革も提言されています。しかし、刑罰全般の多様化、社会内処遇の拡充、施設内処遇との連携強化などがさらに進められるべきです。刑罰の多様化については、我が国の刑罰は、刑法制定・施行(一九〇八年(明治四一年))以降、主な刑罰が懲役・禁錮と罰金という点は変更されないまま、今日に至っており、刑罰を多様化させている諸外国との隔たりが大きいことは明らかです。時代に合った多様な処分を設け、適切に運用する必要性があります。また、既に触れたように、諸外国で関心の強い刑罰のコスト・パフォーマンスの観点(拘禁刑の費用と弊害など)にも配慮が払われるべきだと思います。

我が国では、少年に対する刑罰の選択が非常に少ないのですが、その原因として、刑事手続に少年の特則が乏しく、処分が懲役・罰金等に限定されていることがあると思います。刑事手続・刑罰の種類、内容を改革し、少年に対しても、刑罰を科すべき事例では、より躊躇なく、刑罰の選択ができるような制度に改めていくことが望ましいと思います。

犯罪被害者への配慮

犯罪被害者の心情・意向の尊重と少年の保護・教育との調整は、もっとも困難な問題だと思われます。

既に述べたとおり、重大・凶悪事件については、少年であっても、刑罰も含めて、被害者等の処罰感情などに応える処分・措置等がなされるべきです。しかし、それほど重大なものではなく、少年の反省、謝罪・弁償など相応に償うことができる犯罪・非行については、次の被害者を出さないという意味でも、保護・教育的な処分、措置を充実させ、少年の立ち直りを図って再犯を防止することが、必要かつ有効だと思います。調査・審判・処分の執行の各段階で被害者の意向の聴取などは既に行われていますが、より明確に制度化し、積極的に対応するべきだと思います。

他方、被害者の少年審判への参加や社会記録へのアクセスなどは保護・教育主義の根幹を揺るがしかねないもので、より慎重な検討が必要だと思います。

社会調査や少年審判の充実は、一次的には非行少年のためのものといえるのですが、その処遇効果があがって再犯が防止され、少年の社会復帰が促進されれば、さらなる被害者の発生を防止するだけではなく、社会の負担を減らすことができます。再犯が起きると、被害者に直接、間接の被害が生じるほか、犯罪者に対する捜査、裁判、刑の執行等で多大な費用(コスト)がかかります。特に、刑務所に服役させますと、受刑者一人に年間数百万円かかるといわれています。犯罪者が立ち直って、その再犯を防ぐことができれば、次の被害・被害者が生じず、このような多大な費用も生じないうえに、社会生活の中で、生産的な活動や納税なども期待できるわけです。双方の差が大きいことは明らかでしょう。

多機関連携の強化・充実

少年法制の全般に関係する重要、かつ、必須の課題として、関係機関の連携の強化・充実がありあます。今日、さまざまな問題の解決について、縦割り行政が批判され、関係機関の連携の必要性が指摘されることが多いことは、読者もご存じのことと思います。

非行少年の問題についても、相当前から多機関連携の必要性は指摘されており、それぞれの現場での努力は積み重ねられていますが、もっと抜本的な改革を考えることが課題です。

既に触れたように、非行少年、犯罪少年は、その出生から、保育、養育、就学、進学、就労など、成長・発達に対応して、家庭、親などの放任、遺棄、虐待、過保護、学校への不適応、いじめ、病気、経済的困窮、不良交遊、不良な環境など、さまざまな問題に直面します。そして、それらが非行・犯罪の原因・誘因となりますので、それぞれの問題を解決することが必要となります。

我が国では、それぞれの問題が顕在化したところで、福祉、教育、医療、警察、家庭裁判所、保護観察所などの各分野の関係機関が対応し、それぞれの持ち場でその職責を真摯に果たしていると思います。

しかし、このような非行少年の問題全般に通じて関わる機関、司令塔となる機関がないことが大きな問題なのです。この問題解決のためには、スウェーデンの社会福祉委員会(ソーシャル・サービス)のように、出生から若年成人まで生活の支援も含めて一貫して関わり、他の機関の中心として活動する機関を設けるのが理想的と思われます。とはいえ、新たな機関を創設することは、財政的にも困難だと思います。それでも、イングランドのYOTのように、関係機関から専門家を出向させてチーム(対策班・委員会等)を作って対応するという方式であれば、その事務所の確保とチームの運営費の負担で済みますから、財政的にも実現は困難ではないと思います。

既に、関係機関による定期的な協議会・研究会などは行われていますが、常設的な委員会等として、個々の非行少年の非行・犯罪の認知から処分の執行まで、切れ目なく関係機関が必要な働きかけをすることができるようにしていくという方向で改善を進めていくことは、考える余地があるのではないかと思います。

また、フランスの教育保護技官のように、児童福祉司、調査官、保護観察官、法務教官、鑑別技官等の共通性のある心理学、教育学等の臨床の専門職を統一的な制度で養成すること、相互の人事交流の強化を進めて行くことが望ましいと思います。もっとも、各所属組織の関係、各職種の地位・待遇の差異などから、その実現は容易ではないと思います。しかし、共通資格として水準を底上げしたり、人事交流を活発化するということは可能ではないかと思います。

少年に対する捜査の改革

我が国では、少年事件の捜査についても、刑事事件を扱うのと同じ警察官、検察官が担当しており、専門性も資格も特に要求されてはいません。しかし、少年の犯罪・非行への対応には、少年や少年事件の特性に対する理解があることが望ましいことは間違いありません。諸外国では、少年警察を設けたり、担当者に少年教育への専門性を要求している場合もあります。平成一九年改正で、触法少年の調査においては少年の心理・特性について専門性のある警察職員の関与の規定が設けられたのは一歩前進です。しかし、犯罪少年の捜査には、そういう特則もなく、調査官の関与も全くありません。警察の内規である犯罪捜査規範や少年警察活動規則には種々の少年への配慮が定められており、実際には、少年事件を長い間、熱意を持って担当している警察関係者も少なからずおられます。しかし、制度として、少年事件捜査に関する特則の立法化、担当者の専門化、専門的な職員の関与などは、検討課題だと思われます。

おわりに

少年法のような特則がなぜ設けられるのか、その内容はどうあるべきなのか、この本質的な問いを考えるために、少しでも理解を深めていただけるように、本書を書いてきました。

非行少年や犯罪者をどのように理解し、どのようなものと考え、位置づけるのかが根本的な問題ですべての背景となります。非行少年たちは、犯罪や非行をして他人の権利・利益を侵害し、社会にも種々の迷惑を及ぼした加害者です。厳しく責める意見が多いのは当然です。しかし、非行少年たちは、本人の抱えている問題や親などの周りの大人たちの不適切な養育、疎外、虐待などを受けている場合が多いので、実質的には被害者的な面がある者が多いのも紛れもない事実です。これは、私が、実際に多数の少年事件、刑事事件を扱って実感してきたことです。また、その親たちも失業、貧困、病気、能力的な負因などを抱えている場合が少なくないのです。単に制裁だけ科しても、少年や保護者の犯罪・非行の原因となった問題点を改善しなければば、少年非行も再犯も防ぐことはできません。少年事件に関わる多くの実務家や専門家たちが、「非行少年に対しては制裁よりも保護・教育を」と強調するのは、こういう少年たちや対応策の実情をよく知っているからだと思います。

しかし、一方で、そのような専門家に根強い、少年に対する制裁・刑罰に対して否定的な立場にも問題があるといわざるを得ません。既に述べたとおり、少年法は、犯罪を規律する刑法、刑事訴訟法などに年少者の特性から特則を加えたものだという原点にかえると、犯罪少年に対する処分や処罰を一概に否定するのではなく、その内容をできるだけ、年少者に相応しいものに改善していくということが肝要だと思います。

また、繰り返し述べてきたように、少年法においては犯罪対策と保護・教育との調和が必要であることは、人権保障・個人の尊重という観点からも求められているということを補足しておきます。いうまでもありませんが、非行少年、保護者、犯罪被害者には等しく人権が保障され、個人としてそれぞれ尊重されなければなりません。

一九九〇年代から、犯罪被害者の権利・利益の保護のための改革が進められ、刑事裁判への被害者参加も認められています。このような動きには、犯罪者の人権についての刑事手続の改革が、いわば先行して保障が拡充されてきたこととの調整という側面もあるでしょう。被害者による少年審判の傍聴が認められてきているのも同じ流れということができるでしょう。

繰り返し述べてきたように、非行少年に対して、非行少年の保護・教育によってその立ち直りに役立つ処分を追求するだけでは、被害者や一般市民の不安感や処罰感情・正義感情などがないがしろにされてしまいます。諸外国では、謝罪や弁償等で償いきれない重大な事件に、相当な刑罰が科されていること、修復的司法といわれる被害者の意向を手続や処分決定の在り方に反映させる取扱いが進められていることも、被害者への配慮の表れということができます。

同時に、非行少年に対する保護・教育的な処遇は、少年の権利・利益に資するばかりではありません。先ほど述べたように、非行少年に対して、非行の原因を正確に解明し、最適な処分・措置を加えることによって、その再犯・再非行が防止されて立ち直り、普通の社会生活を送るようになることは、次の犯罪被害者を出さず、犯罪により生じる捜査・裁判・刑の執行にかかる費用が不要となり、立ち直った少年の生活・勤労により税金も納められるということになります。欧米で、犯罪対策のコスト・パフォーマンスが重視されているのは、このような考え方によるものです。犯罪・非行の問題に適切に対応するには、加害者、被害者、一般市民の諸利益への配慮、調整という視点が欠かせないことを肝に銘ずるべきです。

また、人権保護のために公的な規制やその強化にはすべからく反対・批判をするべきだという立場も、疑問があります。少年法の基本原則である保護・教育主義に基づく保護・教育的な規制・介入は、少年に対する害悪ではなく適切な措置であれば、むしろ歓迎されるべきものです。

最後に、少年法は、非行少年に対する対策として中心的なものといえますが、犯罪・非行問題を解決するためには、所詮対症療法に過ぎないということも指摘しておきたいと思います。少年法で扱われるのは犯罪・非行を行って公的に認知された少年だけであり、その対応策も限られています。本書では、その内容を説明し、その問題点の所在、改革のあり方について論じてきました。

しかし、非行に走るより前に、非行の芽を摘み、適切な養育を支援すること、措置・処分の後の社会復帰のための支援などが重要であることは明らかでしょう。犯罪・非行の原因、温床となる少年、保護者の貧困の改善、家庭の教育機能の強化、保育、幼児期教育の充実などの事前の防止策、更に、非行に陥った者には、必要な制裁、処分に加えて、本人が努力すれば、更生、社会復帰が可能となり、それが促進されるような就学、就労の機会の確保、経済的、社会的な支援による適切な居場所の確保こそが、根治療法として中長期的に目指されるべき方策であることを、最後に指摘しておきたいと思います。

あとがき

入門書は、平板な記述となりがちなので、私の経験、実務を書き添えてわかりやすくするつもりが、著者の思い入れ、主張が強く出過ぎるものになってしまったかもしれません。

ふり返ると、田宮裕先生（元立教大学名誉教授）の講義を聴いて、少年法を学び始めてからは五〇年余、その間、刑事裁判三〇年のうち、少年審判実務は十数年、大学での研究生活も一六年余となりました。裁判も研究も全力投球でやってきた分、思い入れも人一倍強いのだと思います。田宮先生は、一九九九年に急逝されましたが、本書をまとめるに当たっても、その教えの大きさをあらためて感じており、今後も海外調査も含めて少年法の研究を続けて行きたいと思っていますが、本書が少年法、少年問題などについて少しでも考えるきっかけとなれば幸いです。

なお、本書には、法律学的には必ずしも正確ではない表現をしているところも少なからずあります。本書の性質からご海容をお願いするほかありませんが、より正確に知りたい、詳しく知りたいという方のために、本書の内容を抽出した参考文献を末尾に付しておきました。少年法に興味を持たれた方も含めて、詳細については、各文献およびそれぞれに引用してある関係の諸論考も含めて、参考にしていただければお役に立つと思います。

【参考文献】

基本書　廣瀬健二『少年法』(二〇二一年、成文堂)

入門書　廣瀬健二『子どもの法律入門〔第三版〕』(二〇一七年、金剛出版)

実務注釈書　田宮裕・廣瀬健二編『注釈少年法〔第四版〕』(二〇一七年、有斐閣)

索引

た　行

な　行

は　行

や　行

ら　行

欧　字

廣瀬健二

1950年東京都生まれ．1973年立教大学法学部卒業．1975年裁判官任官．横浜，松山，水戸地家裁，東京地裁・高裁等の勤務を経て，横浜地裁部総括判事で2005年退官．同年立教大学大学院法務研究科教授，2016年同特任教授，2021年4月から同特定課題研究員．
主要著作―『少年法』(2021年，成文堂)，『注釈少年法〔第4版〕』(共編，2017年，有斐閣)，『子どもの法律入門〔第3版〕――臨床実務家のための少年法手引き』(2017年，金剛出版)，『コンパクト刑事訴訟法〔第2版〕』(2017年，新世社）など．

少年法入門　　岩波新書(新赤版)1881

2021年6月18日　第1刷発行

著　者　廣瀬健二《ひろせけんじ》

発行者　坂本政謙

発行所　株式会社 岩波書店
〒101-8002 東京都千代田区一ツ橋2-5-5
案内 03-5210-4000　営業部 03-5210-4111
https://www.iwanami.co.jp/

新書編集部 03-5210-4054
https://www.iwanami.co.jp/sin/

印刷・精興社　カバー・半七印刷　製本・中永製本

ISBN 978-4-00-431881-1　　Printed in Japan

岩波新書新赤版一〇〇〇点に際して

ひとつの時代が終わったと言われて久しい。だが、その先にいかなる時代を展望するのか、私たちはその輪郭すら描きえていない。二〇世紀から持ち越した課題の多くは、未だ解決の緒を見つけることのできないままであり、二一世紀が新たに招きよせた問題も少なくない。グローバル資本主義の浸透、憎悪の連鎖、暴力の応酬――世界は混沌として深い不安の只中にある。

現代社会においては変化が常態となり、速さと新しさに絶対的な価値が与えられた。消費社会の深化と情報技術の革命は、種々の境界を無くし、人々の生活やコミュニケーションの様式を根底から変容させてきた。ライフスタイルは多様化し、一面では個人の生き方をそれぞれが選びとる時代が始まっている。同時に、新たな格差が生まれ、様々な次元での亀裂や分断が深まっている。社会や歴史に対する意識が揺らぎ、普遍的な理念に対する根本的な懐疑や、現実を変えることへの無力感がひそかに根を張りつつある。そして生きることに誰もが困難を覚える時代が到来している。

しかし、日常生活のそれぞれの場で、自由と民主主義を獲得し実践することを通じて、私たち自身がそうした閉塞を乗り超え、希望の時代の幕開けを告げてゆくことは不可能ではあるまい。そのために、いま求められていること――それは、個と個の間で開かれた対話を積み重ねながら、人間らしく生きることの条件について一人ひとりが粘り強く思考することではないか。その営みの糧となるものが、教養に外ならないと私たちは考える。歴史とは何か、よく生きるとはいかなることか、世界そして人間はどこへ向かうべきなのか――こうした根源的な問いとの格闘が、文化と知の厚みを作り出し、個人と社会を支える基盤としての教養となった。まさにそのような教養への道案内こそ、岩波新書が創刊以来、追求してきたことである。

岩波新書は、日中戦争下の一九三八年一一月に赤版として創刊された。創刊の辞は、道義の精神に則らない日本の行動を憂慮し、批判的精神と良心的行動の欠如を戒めつつ、現代人の現代的教養を刊行の目的とする、と謳っている。以後、青版、黄版、新赤版と装いを改めながら、合計二五〇〇点余りを世に問うてきた。そして、いままた新赤版が一〇〇〇点を迎えたのを機に、人間の理性と良心への信頼を再確認し、それに裏打ちされた文化を培っていく決意を込めて、新しい装丁のもとに再出発したいと思う。一冊一冊から吹き出す新風が一人でも多くの読者の許に届くこと、そして希望ある時代への想像力を豊かにかき立てることを切に願う。

（二〇〇六年四月）

政治

日米安保体制史　吉次公介
官僚たちのアベノミクス　軽部謙介
在日米軍 変貌する日米安保体制　梅林宏道
憲法改正とは何だろうか　高見勝利
共生保障〈支え合い〉の戦略　宮本太郎
シルバー・デモクラシー 戦後世代の覚悟と責任　寺島実郎
憲法と政治　青井未帆
18歳からの民主主義　岩波新書編集部編
検証 安倍イズム　柿崎明二
右傾化する日本政治　中野晃一
外交ドキュメント 歴史認識　服部龍二
日米〈核〉同盟 原爆、核の傘、フクシマ　太田昌克
集団的自衛権と安全保障　豊下楢彦・古関彰一
日本は戦争をするのか　半田滋
アジア力の世紀　進藤榮一

民族紛争　月村太郎
自治体のエネルギー戦略　大野輝之
政治的思考　杉田敦
現代日本の政党デモクラシー　中北浩爾
サイバー時代の戦争　谷口長世
現代中国の政治　唐亮
日本の国会　大山礼子
戦後政治史〔第三版〕　石川真澄・山口二郎
〈私〉時代のデモクラシー　宇野重規
大臣〔増補版〕　菅直人
生活保障 排除しない社会へ　宮本太郎
「ふるさと」の発想　西川一誠
「戦地」派遣 変わる自衛隊　半田滋
民族とネイション　塩川伸明
昭和天皇　原武史
集団的自衛権とは何か　豊下楢彦
沖縄密約　西山太吉
ルポ 改憲潮流　斎藤貴男

吉田茂　原彬久
安心のファシズム　斎藤貴男
市民の政治学　篠原一
東京都政　佐々木信夫
有事法制批判　憲法再生フォーラム編
日本政治 再生の条件　山口二郎編著
安保条約の成立　豊下楢彦
岸信介　原彬久
自由主義の再検討　藤原保信
一九六〇年五月一九日　日高六郎編
日本の政治風土　篠原一
近代の政治思想　福田歓一
日本精神と平和国家　矢内原忠雄

岩波新書より

法律

治安維持法と共謀罪　内田博文
裁判の非情と人情　原田國男
独占禁止法〔新版〕　村上政博
密着 最高裁のしごと　川名壮志
「法の支配」とは何か 行政法入門　大浜啓吉
会社法入門〔新版〕　神田秀樹
憲法への招待〔新版〕　渋谷秀樹
比較のなかの改憲論　辻村みよ子
大災害と法　津久井進
変革期の地方自治法　兼子仁
原発訴訟　海渡雄一
労働法入門　水町勇一郎
人が人を裁くということ　小坂井敏晶
知的財産法入門　小泉直樹
消費者の権利〔新版〕　正田彬
司法官僚 裁判所の権力者たち　新藤宗幸
名誉毀損　山田隆司

刑法入門　山口厚
家族と法　二宮周平
憲法とは何か　長谷部恭男
良心の自由と子どもたち　西原博史
著作権の考え方　岡本薫
有事法制批判　憲法再生フォーラム編
法とは何か〔新版〕　渡辺洋三
民法のすすめ　星野英一
日本社会と法　渡辺洋三・甲斐道太郎・広渡清吾・小森田秋夫 編
日本の憲法〔第三版〕　長谷川正安
憲法と天皇制　横田耕一
自由と国家　樋口陽一
憲法第九条　小林直樹
納税者の権利　北野弘久
小繋事件　戒能通孝
日本人の法意識　川島武宜

カラー版

カラー版 国芳　岩切友里子
カラー版 知床・北方四島　大泰司紀之・本間浩昭
カラー版 西洋陶磁入門　大平雅巳
カラー版 すばる望遠鏡の宇宙　海部宣男・宮下曉彦 写真
カラー版 ベトナム戦争と平和　石川文洋
カラー版 難民キャンプの子どもたち　田沼武能
カラー版 メッカ　野町和嘉
カラー版 シベリア動物誌　福田俊司
カラー版 ハッブル望遠鏡が見た宇宙　野本陽代・R・ウィリアムズ
カラー版 妖怪画談　水木しげる

岩波新書より

教育

異才、発見！　伊藤史織
パブリック・スクール　新井潤美
新しい学力　齋藤孝
学びとは何か　今井むつみ
考え方の教室　齋藤孝
学校の戦後史　木村元
保育とは何か　近藤幹生
中学受験　横田増生
いじめ問題をどう克服するか　尾木直樹
教育委員会　新藤宗幸
先生！　池上彰編
教師が育つ条件　今津孝次郎
大学とは何か　吉見俊哉
赤ちゃんの不思議　開一夫
日本の教育格差　橘木俊詔
社会力を育てる　門脇厚司
子どもが育つ条件　柏木惠子

障害児教育を考える　茂木俊彦
誰のための「教育再生」か　藤田英典編
教育力　齋藤孝
思春期の危機をどう見るか　尾木直樹
学力を育てる　志水宏吉
幼児期　岡本夏木
教科書が危ない　入江曜子
「わかる」とは何か　長尾真
学力があぶない　大野晋　上野健爾
ワークショップ　中野民夫
子どもの危機をどう見るか　尾木直樹
子どもの社会力　門脇厚司
教育改革　藤田英典
ニューヨーク日本人教育事情　岡田光世
子どもとあそび　仙田満
子どもと学校　河合隼雄
教育とは何か　大田堯

からだ・演劇・教育　竹内敏晴
教育入門　堀尾輝久
子どもの宇宙　河合隼雄
子どもとことば　岡本夏木
自由と規律　池田潔
私は二歳　松田道雄
私は赤ちゃん　松田道雄
ある小学校長の回想　金沢嘉市

岩波新書/最新刊から

1873 **時代を撃つノンフィクション100** 佐高 信 著

戦後の日本社会に深い影響を与えた古典的名著から二〇一〇年代の作品まで。時代を撃ち続ける一〇〇冊を選び抜いたブックガイド。

1874 **大学は何処へ**——未来への設計 吉見俊哉 著

「ボタンの掛け違い」はなぜ起きたのか。危機からの「出口」はどこに？「時間」をキー概念に、再生のための戦略を提案する。

1875 **モダン語の世界へ**——流行語で探る近現代—— 山室信一 著

世界が一つに繋がり、モガ・モボが闊歩した一九一〇～三〇年代。流行語を軸に人々の思想や風俗、日本社会の光と影を活写する。

1876 **「オピニオン」の政治思想史**——国家を問い直す—— 堤林 剣・堤林 恵 著

「オピニオン」。この曖昧な領域の歴史に、現代の危機を生き抜く鍵がある。国家論の歴史をたどり、政治の未来を大胆に見通す。

1877 **好循環のまちづくり！** 枝廣淳子 著

活気のあるまちと沈滞するまちの二極化が進む。まちのビジョンを作り、悪循環の構造を可視化し、その構造を変えるメソッドを伝授。

1878 **日本経済図説 第五版** 宮崎 勇・本庄 真・田谷禎三 著

アベノミクス、コロナショックなどを加味し、産業構造、金融、財政、国際収支、国民生活まで日本経済の実態を総点検する定番図説。

1879 **ブッダが説いた幸せな生き方** 今枝由郎 著

目覚めた人ブッダは何を説いたのか。六十年余の原典研究と思索、長期のブータン滞在生活から導かれたブッダのユマニスム的幸福論。

1880 **チャリティの帝国**——もうひとつのイギリス近現代史—— 金澤周作 著

産業革命、帝国主義の時代から現代へ。弱者への共感と同情がイギリスの歴史と社会にもたらした個性を、チャリティに探る。

(2021.6)